领导与血型

——来自大型国企的血型调查报告

A　B　AB　O

续金健 著

中国发展出版社
CHINA DEVELOPMENT PRESS

图书在版编目（CIP）数据

领导与血型：来自大型国企的血型调查报告 / 续金健著. — 北京：中国发展出版社，2014.1
ISBN 978-7-5177-0050-0

Ⅰ. ①领… Ⅱ. ①续… Ⅲ. ①血型—关系—个性心理学—研究报告—中国 Ⅳ. ①B848

中国版本图书馆CIP数据核字(2013)第277609号

书　　　名：	领导与血型：来自大型国企的血型调查报告
著作责任者：	续金健
出 版 发 行：	中国发展出版社
	（北京市西城区百万庄大街16号8层　100037）
标 准 书 号：	ISBN 978-7-5177-0050-0
经 　销 　者：	各地新华书店
印 　刷 　者：	北京科信印刷有限公司
开　　　本：	880mm×1230mm　1/32
印　　　张：	9.25
字　　　数：	260千字
版　　　次：	2014年1月第1版
印　　　次：	2014年1月第1版
印　　　数：	1—6000册
定　　　价：	32.00元

联 系 定 话：（010）68990630　68990692
购 书 热 线：（010）68990682　68990686
网 络 订 购：http://zgfzcbs.tmall.com//
网 络 电 话：（010）88333349　68990639
本 社 网 址：http://www.develpress.com.cn
电 子 邮 件：fazhan010@126.com

版权所有 · 翻印必究
本社图书若有缺页、倒页，请向发行部调换

自序

　　我在某大型生产性国企W集团[1]工作已近十年了，从最普通的职工做起，后经过激烈的竞争上岗，成为了一名管理人员。其间的艰辛，不足为外人道。

　　虽然经历了这样那样的坎坷和挫折，甚至一度陷入过绝望和崩溃，但有一样"东西"我始终没有放弃，那就是对血型性格理论的研究。不论是在车间艰苦劳作期间，还是在下岗后挣扎求生的日子，我一直坚持对血型性格进行持续探索。而进了W集团企划部之后，我有了更多接触公司中高层领导的机会。在与各种血型的领导打交道的过程中，我逐渐发现：血型性格不仅影响了人们成为领导的可能性，而且在很大程度上左右着其工作作风和工作特点，并进而形成了其主管部门的工作作风和工作特点。随着领导血型样本的日益丰富，我越来越清晰地肯定了领导作风与血型性格之间的关联性，并经进一步验证后发现，很多都符合我建立在血型性格知识之上的理论预设。

注［1］W集团是一家地跨3省5地的大型国有企业集团，有20多个职能部门，15000多名员工，年产值近百亿元人民币；主营业务为铁路产品、汽车零部件、压力容器的生产等。

领导与血型
来自大型国企的血型调查报告

调查表明，O型人成为领导的可能性最大，其次是AB型人，最后是B型人和A型人。从已知的W集团71位中层一把手的血型分布中我确认了这一规律。从血型性格的职业适应性来看，这种看似不平衡的领导血型分布实际上是科学合理的。因为O型人在性格上争强好胜，权力欲和目的性很强，所以这使他们成为领导的主观能动性大大增强；另外O型人本身也吃苦耐劳、崇尚实干，所以在生产性企业中容易成为劳模并脱颖而出；此外，O型人生性豪爽、团伙意识强烈、朋友众多，客观上其为升迁奠定了不可或缺的人脉基础。与O型人相反，A型人比较孤僻，朋友不多，人际圈较小，在成为领导的过程中缺乏有力的支持；另外，A型人在工作中过于注重细节，常导致动作迟缓、生产效率较低，所以在追求产量的国企很难引起领导关注；加之A型人胆小、害羞，处世低调，权力欲望较小，不爱争强好胜，这些都在很大程度上制约了他们成为领导的主观能动性。所以说，性格决定命运并非夸大其词，从W集团领导的血型分布上，我们可以更加深刻地感受到血型性格对一个人官场生涯的重要影响。

血型性格不仅影响着一个人成为领导的可能性，而且对领导的作风和工作方式也会产生持久的影响。 仔细品味一些描述领导作风的词语，诸如好大喜功、注重形式、懒散拖沓、投机钻营、谦虚务实、平等待人、敢想敢干、吃苦耐劳、积极勤快……就会发现这些所谓的"作风"本质上是性格的表现形式，有的根源于血型性格，有的本身就是一种性格。如好大喜功一般源于O型人的争强好胜和竞争意识；注重形式一般与B型人性格中要面子、爱整洁的特质有关。但在实际工作中，领导作风与领导血型并非完全对应和一致，这是因为领导作风（尤其是企业老总本人的性格）

本身具有示范性和传染性，会导致其他血型的领导在工作中表现出与其自身血型性格不符的作风。但总体而言，企业领导血型构成及力量对比会影响到企业最终的领导作风。比如，在A型人为主的日本、德国、北欧一些国家，官员的工作作风普遍要比其他血型为主的国家更富有平民化色彩，比O型人多的国家更少有官僚主义作风，比B型人多的国家更少有形式主义。在工作方式上，血型性格的影响也是巨大的。比如O型人鲁莽、冲动、富有行动力，表现在管理工作中就是快人快语、说干就干，但也可能导致决策失误；比如B型人注重人情、考虑周到，表现在管理工作中就是追求面面俱到，但也可能因此导致优柔寡断、缺乏冲劲。

由于领导作风具有示范和扩散效应，所以往往会决定一个企业的作风乃至管理状态。当然除领导之外，员工群体的血型构成也在很大程度上影响到企业的管理状态。确切地说，是领导和员工的血型构成及力量对比，决定了一个企业的整体面貌和管理状态。在本书第9章中，我们对W集团和同类民营企业富士康公司作了比较，从中可以更加直观地感受到员工血型构成不同对企业风气和管理状态的深远影响。

在W集团企划部工作的五年，我不仅对血型性格有了更加深刻的认识和正确的把握，同时也对国企运行机制和体制有了深入了解，而且能够针对国企的弊端创造性地提出自己的制度设计思路。将血型性格研究与企业管理探索相结合，我在较短的时间里完成了从企业管理"门外汉"到"行家里手"的转变。

而搞懂了领导作风与领导血型的关联性，可以说是我在这里的一个大的收获。

本书既是阐述领导血型与领导作风、工作方式关联性的一

部著作，也是对我在国企十年工作感受和工作见识的一次系统总结。另外，国企作为国家经济最主要的实现形式，"国企状态"很大程度上就是"国家状态"的一种缩影。所以，研究国企管理中普遍存在的弊端和问题并探讨解决的办法，不仅能够给大中型国企领导和管理人员们带来有益的启示，也能为国家相关部门人才结构的战略管理和人员配置的战术管理带来许多有益的借鉴。

是为序。

续金健

2013年8月10日

自　　序 / 1

第❶章　不同血型领导说明书 / 1

　　本章用白描的手法，分别勾勒了W集团四种不同血型的领导在工作生活中的各种表现。通过对细节的描摹，进一步突出了不同血型领导之间的异同，可供读者对照、参考。对W集团这些不同血型领导的性格特点的解读，也同样适用于其他企业对应血型的领导。

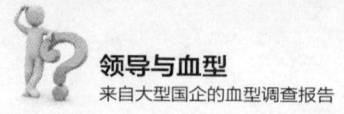

领导与血型
来自大型国企的血型调查报告

第1节　O型领导说明书　/　2

第2节　A型领导说明书　/　5

第3节　B型领导说明书　/　9

第4节　AB型领导说明书　/　12

第 2 章　根据血型诊断领导性格　/　15

　　本章通过科学分析，为四种不同血型的领导做了领导力评定，详细介绍了其血型性格契合了领导力哪些方面的要求，以此证明：任何一种血型的人都具备领导优势，都有其魅力所在——只要能克服性格中的弱点，发挥性格中的长处，都可以取得职业生涯的成功。

第1节　O型领导——天生的领导者　/　16

第2节　A型领导——低调隐忍的执行官　/　19

第3节　B型领导——老总眼里的香饽饽　/　23

第4节　AB型领导——既当指挥员又做战斗员　/　27

第 3 章 不同血型领导的手迹风格解析 / 29

本章根据W集团不同血型领导的手迹特点，进一步分析了其血型性格根源；从内容上看，属于血型领域的一大创新和突破，待进一步发展后，可供各个领域的专家学者做进一步参考和研究。

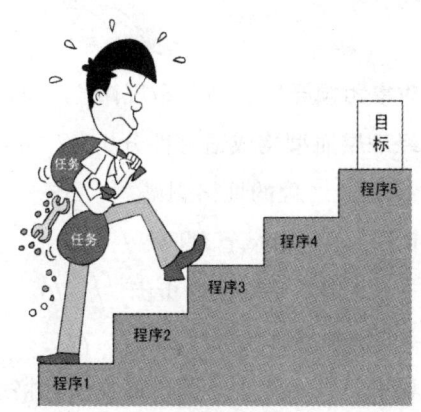

第1节　O型领导的手迹风格解析　/　30

第2节　A型领导的手迹风格解析　/　33

第3节　B型领导的手迹风格解析　/　36

第4节　AB型领导的手迹风格解析　/　39

第 4 章 领导血型分布规律及岗位适应性评价 / 43

本章用统计分析的实证手法，阐述了W集团领导血型的分布规律及其背后的血型性格原因。通过逐一解析AB、B、A、O四种血型领导的管理风格和特点，论证了他们仕途经历的必然性，进一步证明血型决定性格，性格决定命运。

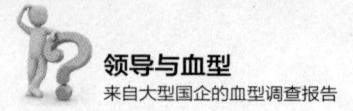

第1节　W集团领导层血型分布规律　/　44

第2节　经理层血型构成适宜性分析　/　49

第3节　AB型总经理的性格图谱　/　55

第4节　B型人不适合搞管理吗　/　62

第5节　一位A型领导的仕途止步　/　76

第6节　某O型领导官场沉浮记　/　79

第7节　秘书、技术骨干、劳模的血型性格适应性　/　83

第5章　职能部门领导及员工的血型职业适应性　/　87

本章通过调查W集团13个部门的领导和员工的血型构成及搭配，论述了不同血型的人与其岗位的匹配性和适应性，并就各部门领导和员工的血型调整提出了自己的建议，有助于企业管理水平的进一步提升。

第1节　发展计划部　/　88

第2节　人力资源部　/　91

第3节　公关部　/　93

第4节　生产经营部　/　96

第5节　财务审计部　/　99

目录

第6节　企划部　/　102

第7节　法律事务部　/　104

第8节　质量部　/　106

第9节　技安部　/　108

第10节　采购部　/　111

第11节　保密部　/　113

第12节　检验部　/　116

第13节　党群部门　/　118

第 6 章　血型领导的管理风格和官场生存之道　/　121

本章分别介绍了四种不同血型的领导的管理风格及他们

的为官之道，就不同血型的人如何在国企中保职、升职提出了应对之策，可供上级领导摸清下级领导的为官之道，也可供下级领导摸准上级领导的思维脉搏。

第1节　O型领导的管理风格和生存之道　/　122
第2节　A型领导的管理风格和生存之道　/　126
第3节　B型领导的管理风格和生存之道　/　130
第4节　AB型领导的管理风格和生存之道　/　133

第 7 章　不同血型领导的自我修炼　/　137

　　各种血型的人都有自己的优点和不足，就血型而言，不存在优劣之分；而且优点和不足也不是绝对的，而是相对的。

　　血型不是万能的，但要想完整地了解一个人或一个民族，不考察血型又万万不能。人有主观能动性，能够进行自我调节，从而与这个社会相适应。故此，我们才应够能动地改良自己的性格，最大限度地发挥自身的血型性格优势。

第1节　O型领导的自我修炼　/　138

第2节　A型领导的自我修炼　/　143

第3节　B型领导的自我修炼　/　148

第4节　AB型领导的自我修炼　/　153

第 8 章　如何管理不同血型的员工　/　157

　　员工管理是企业管理中最基本的内容，也是企业管理的重点和难点。要真正把员工管理好，不仅要通过人性化的制度来规范他们的行为，更重要的是发挥他们的聪明才智，提高企业的效益。而要在管理中做到人性化和以人为本，就必须对员工性格有一个准确的把握。通过血型识别和性格把握，领导者就能在管理中因人而异，把合适的人用到合适的岗位上，真正做到人尽其才。

第1节　对O型员工的管理：激发他们的竞争意识　/　158

第2节　对A型员工的管理：要充分信任和鼓励　/　162

第3节　对B型员工的管理：不要限制太死　/　166

第4节　对AB型员工的管理：发挥他们的优势　/　170

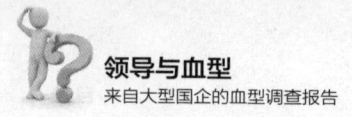

第9章 血型结构影响下的国企管理状态 / 175

本章从血型的视角，对国企现状及问题原因进行了深入探索，并就典型国企和典型民企的不同，进行了血型方面的原因剖析，从全新角度论述了国企和民企的差别根源。

第1节 石子、水、沙子、水泥与O型人、A型人、B型人、AB型人 / 176

第2节 AB型人、B型人主导的企业管理风格 / 180

第3节 "形式多了就是内容"：B型教官的名言 / 185

第4节 O型人、A型人：维系国企有序运转的幕后英雄 / 200

第5节 国企"磨洋工"的血型性格根源 / 211

第6节 国企"执行难"的血型性格根源 / 213

第7节 典型国企与典型民企血型分布差异原因初探 / 220

第8节 如何构建和谐高效的血型领导团队 / 224

第10章 从国企到国家——推而广之看血型管理对组织的重要意义 / 231

血型管理不但对企业意义重大，推而广之，对一个国家的运作也具有重大借鉴和参考价值。国家可看作是一个大企业，而各政府部门可看作是企业中的职能部门；将负责国家机器运转的各级政府机构用科学的血型理论武装起来，将进一步提升政府行政效率，促进社会进步。

第1节　国企血型研究也适用于国家　/　232

第2节　"二战"后日本各部历届大臣血型分布分析　/　242

第 11 章　美、日国家领导人的血型性格魅力　/　247

本章通过回顾四名不同血型的美国、日本最高领导人的生平，指出了其行为轨迹与各自血型的关联性，分析了其行为思想的血型根源，进一步凸显了血型对性格、行为的影响。

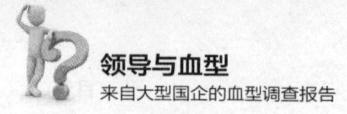

第1节 O型里根（美国第40任总统） / 248

第2节 A型尼克松（美国第37任总统） / 252

第3节 B型田中角荣（日本第65任首相） / 256

第4节 AB型奥巴马（美国第56任总统） / 260

第12章 血型管理的启示 / 265

　　本章对全书内容做了升华式总结，将血型理论与管理学知识更紧密地结合了起来，并针对国企中的弊端提出了血型搭配方面的改善建议，真正做到了以人为本、人性化管理。

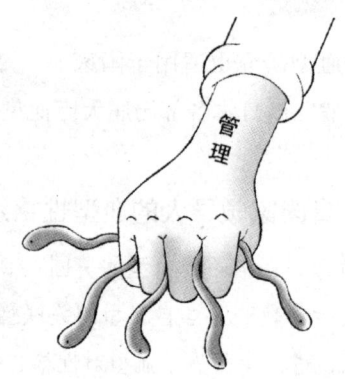

附表　不同血型领导性格识别对照表 / 277

第1章

不同血型领导说明书

本章用白描的手法，分别勾勒了W集团四种不同血型的领导在工作生活中的各种表现。通过对细节的描摹，进一步突出了不同血型领导之间的异同，可供读者对照、参考。对W集团这些不同血型领导的性格特点的解读，也同样适用于其他企业对应血型的领导。

第 1 节　O型领导说明书

❤ 从基层岗位做起，经常被评为劳模，靠能干加实干赢得认可，班长、工段长、主管生产厂长……步步升迁。

❤ 行事果敢，目的性强，一旦确定目标就会不达目标誓不罢休，而且可能不择手段，忽视安全和质量。

❤ 即使巾帼也不让须眉，不干则已，要干就一定要干出结果；而且想一下子都干完，不愿意中途休整、放松。

❤ 吃苦耐劳，工作中不懂投机取巧，往往用死力，有时会遭遇工伤；时间久了会积累起一些工作经验和窍门。

❤ 生性要强，爱拼搏，总想争第一，热衷于参与企业举办的劳动竞赛，常常力拔头筹。

♥ 在当普通员工时就爱指挥人、教训人，有时也会顶撞领导；成为领导后脾气更大，动不动就发怒，而且什么话都敢骂，让下属诚惶诚恐。

♥ 当下属与兄弟单位发生业务纠纷时，即使错误主要在下属身上，也常无理赖三分，袒护下属。

♥ 动手能力很强，可在实践中不断提升业务技能；有时也蛮干，碰了南墙才回头。

♥ 表面上给人粗糙的感觉，可一旦认真起来，工作（产品）质量会很高，且能按计划完成任务。

♥ 走路虎虎生威，说话掷地有声，让人望而生畏。

♥ 敢想敢干，不在乎别人说三道四。

♥ 为人豪爽，朋友很多，大多能喝酒，而且酒后话多。

♥ 如果负责搞经营，生意上的朋友会很多，而且常会出于交情做一些不挣钱的业务。

♥ 做生意敢冒风险，为抢占和开拓市场可能"不走平常路"；耐受性极好，擅长绝地反击、东山再起。

♥ 工作中有重点，会区别轻重缓急，生产效率较高；但有时会忽视成本，造成巨大的生产浪费。

♥ 公共场合好大声说话，消费时常以"上帝"自居。

♥ 在单位里喜欢一个人说了算，在家里往往也一手遮天，大男子主义倾向严重。

♥ 善于理财，爱投资股票、基金等产品，回报大的非法集资有时也敢参与。

♥ 管理上简单化、图省事，制度设计实用，倾向于重奖、重罚的方式；管理虽有成效（表面效果好），但缺乏人情味和合

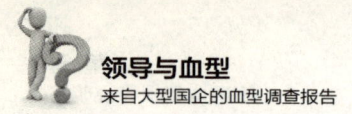

理性，可能影响员工工作情绪。

♠ "只许州官放火，不许百姓点灯"，在制度的贯彻上，对下属和员工要求严厉，对自己往往比较放松。

♠ 经营能力强，信奉"做生意就是交朋友"，不惜"花大钱、办大事"。

♠ 玩牌时经常大输大赢，但即使输得很惨也能坦然处之。

♠ 善于表功，爱说大话；敢于直面问题，对于存在的困难不会遮遮掩掩、文过饰非。

♠ 大多数身强力壮，精力充沛。

第 2 节　A型领导说明书

🔸 在做普通员工时，不爱吭气，任劳任怨，老好人；对利益看得不是很重，在分配上不斤斤计较。

🔸 当领导后依然没有领导派头，大多沿袭了基层时的作风，比较平易近人、礼贤下士，能够以身作则、率先垂范。

🔸 通常无不良嗜好，很多不抽烟（是领导当中抽烟比例最小的）；有时也玩牌，但不是很喜欢；不愿也不敢豪赌，能够把握分寸，洁身自好。

🔸 有大局意识和集体观念，善于协作，富有团队精神；遇事不爱推诿，能够主动承担责任，不在乎个人得失。

🔸 自我反省倾向较重，工作中出现失误时会表现出明显的

自责倾向，即便主要责任不在自己，也情愿为工作失误承担责任并接受处罚。

♥ 不爱用教训人的语气说话，管理中多用商量的语气；但对于下属犯低级错误无法容忍，并耿耿于怀。

♥ 管理上不独裁专断，能够听取并参考员工的意见，且能设身处地地为员工着想；虽然对自身比较抠门，但不会截留下属的工资福利，在员工中口碑不错。

♥ 想法和行动存在一定的距离，往往有想法但未必会马上付诸实践；但这并非言行不一，而是因缺乏魄力、优柔寡断，通常推后一段时间后，他们最终会作出行动。

♥ 在认识上好钻牛角尖，绝不轻易放弃自己的主张和观点，显得很顽固，但在持不同意见的情况下依然能够服从大局，与大家保持步调一致。

♥ 在经营管理上花钱仔细，不乱花钱，更不会奢侈浪费，花钱事项必须做充分的调研和比价之后方作出决定；在业务关系上，没有把握的事情不会轻易冒险；公关上缩手缩脚，常因此错失良机。

♥ 朋友不多，能够交心的朋友更少，显得很孤僻；人缘虽好但人脉网不发达，官场信息收集能力有限。

♥ 四种血型中可能唯一一种对卡拉OK不是很感冒的人；这倒不是因为他们不喜欢唱歌（当然更爱独自哼小曲），而是讨厌歌厅的噪音和唱歌者的造作；听而不闻，或在角落里吃果盘的往往是他们。

♥ 注重内在的干净，忽视表面的整洁；尽管讲究个人卫生，但办公桌上时常很杂乱。

第1章
不同血型领导说明书

- 四种血型中工作时间上洗手间的频率最低,有一定的自我抑制倾向,有利于节能降耗。

- 文字功底不错,尤其擅长论文撰写;但口头表述能力不佳,临场易紧张,应变力差。

- 无论是写材料还是讲话,一般不爱说官话、套话,也不擅长旁征博引,但能够理论联系实际,文风质朴,言之有物,分析能力强,入木三分。

- 酒量尚可,但不喜豪饮;不爱强行劝酒,喜欢宽容随意;不善劝酒,易被人忽悠而多喝。

- 不会来事,比较缺乏眼色,不会逢场作戏,不喜恭维上司或阿附领导的意思;自我主张强烈,不轻易与人苟同。

- 怀疑论者,喜好逆向思维(和常人逻辑相反),爱和别人唱反调;悲观主义者。

- 工作上能够分清轻重缓急,但实际操作中往往顾此失彼,不得要领,有时因过度关注细节或非重要事项的"放大效应"(认为做不好同样会导致严重后果)而丧失对全局的把控。

- 性格绵善、柔和,女性化特质明显,不爱与人争执。

- 工作循规蹈矩、按部就班,奉行"程序正义",讨厌跨越程序办事,有些死板、教条,常因此让上司反感。

- 不能同时做几件事,做完一件事才能再做另一件事情,一件事情未做好或做完,下一件事情也无法做好。

- 对自己的私事比较拖沓,但在公事或工作上不喜欢拖沓,每每是上级一安排工作,就开始考虑如何着手,并想尽快完成,不然心里总觉得放不下。

- 干活出手慢,但认真细致、追求完美,如果被评为劳模

通常是因为工作（产品）质量高而不是数量多。

♥ 做人低调，做事不张扬；开会通常坐后排；在工作上不爱争强好胜或自我表现，常显得默默无闻，不易获得上级的关注和提拔。

♥ 待人诚实可靠，谦逊稳重；工作脚踏实地，不擅投机取巧。这些品质会博得上级的信任，并可能被派往一些重要岗位。

♥ 工作上比较勤快，能在工作时间尽量做好；不喜欢让员工加班，并愿意为员工争取更多的工资、福利。

♥ 虽不爱得罪人，但能够做到公平公正，不受人情掣肘，能够比较客观地对每位员工的工作进行评价。

♥ 做人有自己的原则和底线，不爱随大流；政治上也不上进，其中有很多领导是非党员身份。

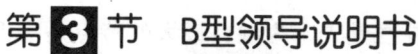

第 3 节　B型领导说明书

❤ 与常人的反应不同，工作压力越大越显得不在乎；在上级安排了重要工作后，通常不急于下手，而是拖一段时间后才会安排布置给下属。

❤ 在做普通员工时就以会干、巧干博得上级的赏识，单兵作战能力强，工作效率高；能满足工作（产品）的质量要求，但达不到高质量；劳动竞赛中经常获奖，不少曾被评为劳模。

❤ 对下属通常比较宽容，以干好工作为原则；但其他方面关注不够，偶尔情绪化时也会小题大做，尤其是好在形式上而非实质性问题上吹毛求疵。

❤ 工作考虑周全，面面俱到，但可能因此导致无重点，常

常把西瓜当芝麻,丢了西瓜拣芝麻。

♥ 工作汇报比较注重形式,有时把形式看得比内容还重要,比如过于关注字体、字号、半角、全角等。

♥ 爱喝酒,一喝酒就脸红;虽然擅长忽悠别人,但自己也很痛快,往往是先干为敬;最大的特点是喝得再多头脑也相当清醒,不会胡言乱语或有失态之举。

♥ 工作上乐于助人,但时常是"种了别人的地,荒了自己的田",有时置本单位重要工作于不顾,先把与自己关系好的领导托付的事情做好。

♥ 有时滥好人倾向较重,奉行"你好我好大家好"的做人哲学,奖惩不够分明,爱搞"大锅饭",导致下属积极性不高。

♥ 言行时常不统一,说一套做一套;对人对己双重标准;缺乏执行力。

♥ 有眼色,会来事,善于察言观色、迎合上司的心意;能站在上司的角度考虑问题;往往不敢提出和坚持自己的主张。

♥ 兴趣广泛,多才多艺,不落伍。

♥ 对公司发生的各种事情敏感度很高,信息收集能力极强,常常是事情刚一发生,他们就能第一时间得到消息。

♥ 擅长一心二用,能同时从容应对多件事情。

♥ 爱干净,注重环境的整洁。

♥ 工作上出手快,反应迅速,拿捏得当,干活利索。

♥ 部分领导手小、眼小、心也小,吃着碗里的还看着大家锅里的,爱占点小便宜。

♥ 很少用自己的钱请客,请客之后通常会报销(有时甚至会多报）；出差时会小心保管好各种报销票据，哪怕一两元也要报销。

🍀 擅长经营，进行业务公关时善于利用人脉网，能"花小钱、办大事"。

🍀 工作时间总爱往洗手间跑，上厕所频率较高。

🍀 处事中庸，不爱做出头鸟，但也不甘于人后；凡事把握分寸，不偏不倚。

🍀 思维发散，懒散拖沓，半拉子工程多。

🍀 普遍写字都不错，下笔轻，字型飘逸清秀；刻意练过字的会给人造作之感。

🍀 工作笔记整洁而有条理，该记的记，不该记的不记，而且涂改较少；概括抽象能力极强。

🍀 有时表面上呈现拒不合作的姿态，但嘴硬心软，最后还是能够较好地完成工作。

第 4 节　AB型领导说明书

🔸 做普通员工时能干且会干,是劳动能手,并常在技能大赛中斩获殊荣。

🔸 个人劳动生产率很高,产量和质量都可以保证。

🔸 工作中规中矩、有板有眼,秉持"非礼勿视、非礼勿动"的原则,比较职业化。

🔸 口风甚紧,不乱传话,让人感觉信得过、很可靠。

🔸 和人有距离感,不愿与人太亲近,即使表面上表现得很亲切、热情,也会让人感觉不是很真心。

🔸 工作上认真严谨、周到细致,一般很少出纰漏,常因此赢得上司的好感和赏识。

❤ 做人做事低调、不张扬，善于把握分寸，一般不会与人生隙，很少遭人嫉妒。

❤ 过于注重合理，可能导致本位主义倾向，"是我的事情管，不是我的事情不管"，表现在工作中就是容易与相关部门扯皮，有推卸责任和自我开脱倾向。

❤ 口才好，善于雄辩，与人争执时常"获胜"。

❤ 脑袋一般比其他血型的人大，脖子相应粗一些，这是因为两种思维方式长期在大脑中同时运行的缘故。

❤ 不愿主动与人打招呼，常给人以清高的错觉。

❤ 汇报工作时既全面又有重点，能够把所做的工作充分展现出来；而且叙述严谨，让人愿意听下去。

❤ 在工作中既是指挥员，又是战斗员；有时会因不放心手下而亲自上阵。

❤ 虽头脑聪明但不爱投机取巧，不失忠厚老实，不爱出风头，显得大智若愚。

❤ 对自己要求严厉，对下属要求也严厉，见不得下属偷懒和投机取巧。

❤ 为人坦诚，敢讲真话，不喜欢弯弯绕绕、糊弄人；追求公正合理，但有时可能因讲事实而无意间得罪同僚。

❤ 虽然敢说真话、敢讲问题，但是说话具有艺术性，能够巧妙或委婉地表达，不至于让上司动怒。

❤ 时间观念较强，一般喜欢提前到岗；因为对时间掐算合理、准确，故在上班途中常步调稳健、不紧不慢，很少出现急急忙忙赶时间的现象。

❤ 好喝酒，有的特别能喝，善于忽悠人，有强行敬酒的倾

领导与血型
来自大型国企的血型调查报告

向;喝多后爱说胡话(吐真言),与清醒时判若两人。

♥ 常与上司保持一定距离,不愿主动接近上司;上司在与不在变化不大,能按部就班做好自己事情。

♥ 作决策时较快,但反复无常,有时会突然取消既定事项(如会议和工作指示),让下属无所适从。

♥ 对文字材料要求严格,既关注内容也关注形式;有求全责备心理,尤其对错别字等低级错误不能容忍。

♥ 属于过日子型领导,勤俭持家,不会攀比浪费;但在员工福利方面也显得小气。

♥ 工作中什么都是重点,但最后可能导致没有重点。

♥ 对大家都认为是水到渠成、不成问题的事情,往往会突然提出不同意见,并会固执地坚持而不顾大局。

♥ 别人认为该发怒的事情,他们可能不发怒,倒是人们认为做得好的事情,反而会引起他们的不满。

♥ 讲话全面透彻,好从正反两个方面辩证表述;废话不多,但显得有些罗嗦。

♥ 在工作中爱与其他领导抬杠,强词夺理,不愿妥协让步,显得咄咄逼人,但付诸行动后可能意外妥协。

♥ 大脑受两种思维干扰,着急时会突然说错话,或张冠李戴,但马上能反应过来并予以纠正。

♥ 拒绝别人时很巧妙,比如有人半夜借钱,他们不会直接拒绝,而是会说:"这么晚了给你从哪里搞钱去?"

第2章

根据血型诊断领导性格

本章通过科学分析，为四种不同血型的领导做了领导力评定，详细介绍了其血型性格契合了领导力哪些方面的要求，以此证明：任何一种血型的人都具备领导优势，都有其魅力所在——只要能克服性格中的弱点，发挥性格中的长处，都可以取得职业生涯的成功。

第1节 O型领导——天生的领导者

在W集团中层以上的正职领导中，O型领导占的比例达到了40.8%，远远超出了其他血型领导的比例及O型人所占企业员工的比例；而且呈现出职位越高比例越大的趋势——在高层中居然达到了60%。

这项调查作为个案虽不具有普遍性，但具有一定典型性。因为W集团是一个员工上万、子公司众多的大型企业集团，完全可以看作是十个左右国企样本的综合。O型人在众多领导岗位上胜出，可见其在领导岗位上的适应性优势。

O型人在性格上争强好胜，权力欲和目的性很强，这使他们立志于领导岗位的主观能动性大大增强，工作的积极性、主动性也大大增强，因此工作成绩通常比较优秀。而且，O型人还非常善于且敢于表现。在国企这个对能力要求不是很高的环境中，善于表现、敢于表现的人往往能引起上级领导的关注和赏识。一心想当领导的O型人表现力是惊人的，他们总能将自己最好的一面有重点地展示出来（这样的表现不会很频繁，既不会引起领导反感还能达到目的）。比如，在领导遇到危难或犯事的时候，生性豪爽、讲哥们义气的他们常常会挺身而出，甚至不惜充当炮灰或替罪羊为领导开脱，如此，待领导"翻

第2章 根据血型诊断领导性格

身"后，自然会对他们提拔重用。

当然，善于表现并非O型人被赏识提拔的主要原因，O型人能够在领导岗位上胜出，更多的还是靠吃苦耐劳、踏实苦干的精神。正是这种精神，使他们完成了一个又一个几乎不可能完成的任务，成为劳动竞赛的标杆或员工学习的榜样，所以最终升任领导位置乃是实至名归。比如W集团的几个O型副总，起初都是一线员工，完全靠自己的努力一步步升到副总之职。当然，在国企这个注重人情关系的环境中，要想顺利升迁，没有广泛的人脉也是不行的，否则干得再好充其量也只是个劳模。所幸的是大多数O型人团伙意识强烈，交际能力很强，并在此基础上编织了较大的人脉网，这也为他们日后升迁做了有利的铺垫。

组织能力是作为领导的最基本能力，组织能力强也可以说领导能力强。在这方面，O型人同样具有其他血型人难以比拟的优势，而且这种优势对于O型人来说几乎是与生俱来的。在幼小的时候，他们就在游戏或玩耍中展示出了这种才能。由于胆大冒进、敢为人先，许多孩子不敢做的事情他们敢做，所以很容易获得认可和拥戴，并在引领孩子们涉足一个又一个未知领域或尝试一个又一个危险游戏的过程中，培养自己的领导能力。进入学校后，O型人出色的号召力和组织力得以进一步强化，加上他们的学习成绩通常比较优秀，所以时常被推选为班干部，领导能力也因此得到了进一步提升。大学毕业后，敢于冒险、敢为人先的O型人又很可能自主创业或成为社会活动的组织者。所以说，在他们进入企业之前，其实就已经具备了当领导的基本素质。

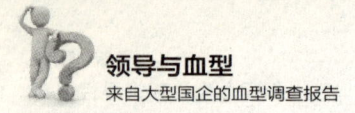
领导与血型
来自大型国企的血型调查报告

因为具备优秀的组织能力,所以O型人比其他血型的人更加胜任领导的岗位。只要他们在成为领导之后不过于张扬,仍旧保持踏实肯干的作风,维持很好的官际关系,那定能一步步登上权力的巅峰。

组织能力强一定程度上表现为会用人,这在很大程度上弥补了O型人在头脑和智慧方面的不足。只要他们身边有一个优秀的智囊团给其提供管理思路或决策建议,只要他们善于把合适的人安排到合适的岗位上,就同样可以在管理活动中游刃有余、事半功倍。无论是O型人为主的美国,还是A型人为主的日本,O型人担任历届总统或首相的比例都是最高的,这其中不乏很多像里根、小布什这样虽非绝顶聪明但善于用人的最高领导。

导致O型人在官场上成功的性格因素还有很多,诸如意志坚定、做人做事有原则、敢想敢干、富有决断力、干活有重点、能说会道、学习能力强等。总之,综观O型人的诸多性格特点,我们会发现大多数与领导岗位要求一致,这或许就是他们比其他血型的领导更具有职业适应性的主要原因吧!说O型人是天生的领导者,一点不为过!

第2章
根据血型诊断领导性格

第 2 节　A型领导——低调隐忍的执行官

　　A型领导的性格就像老黄牛一样，在工作中默不作声、任劳任怨，虽然偶有钻牛角尖的倾向，但更多表现在思想上而不是行动中。他们不爱与人争执，甚至有回避斗争的倾向，即使自己的权益受到侵害，也不愿积极争取，除非被逼到墙角，才可能撕破脸绝地反击。工作做得不少，而且卓有成效，但他们不会表功，这在"能干不如会说"的国企很难吃得开。他们主管的往往是繁难而不讨好的工作（如质量管理、产品检验等），在工作中遇到困难也不喜欢张口，总是试图自己解决，有时因解决不了影响工作，往往受到批评。哪怕有时主要过错不在他们，出于自责心理，他们也不愿为自己开脱。其实这种做法是不对的，因为越是不主动澄清，越容易被老总或其他领导认为有问题。

　　日本血型专家对完美的犯罪团伙做过一个理论预设：犯罪团伙的老大往往是组织能力强、权力欲望强的O型人，参谋顾问往往是B型人，AB型人则是具体的方案设计者，最后由A型人去不折不扣地执行。A型人在执行力方面的优势确实是毋庸置疑的。在国企管理中，A型领导也是很好的执行官。在执行中他们不爱发号施令，更多的是通过身体力行带动大家一同把工作做好。而且，在涉及与同级部门发生关系的工作时，他们也能够针对不同

的人采取不同的方式，注意因人而异，弹性地开展工作。他们不爱招惹人，有息事宁人的倾向，所以在工作中总是力求不伤和气、不发生对抗。只要能将工作顺利推开并圆满完成，他们甚至愿意而且经常会主动承担原本不属于自己的工作。虽然在旁人看来这样做有点越俎代庖，但不至于像O型领导那样因工作问题得罪很多人，这为他们以后更加方便地开展工作做好了铺垫。

A型领导大多任劳任怨，有时甚至会把不属于自己的工作承担起来。他们不愿与人发生冲突，很难拒绝别人的请托和求请，表现出较强的老好人倾向。

A型领导还有一个特点，就是一接到任务就要马上筹划和行动，就和他们平日里一上车就要买票一样。表面上看，这种行为是出于自觉和对工作负责的心理,但实际上这是完美主义心态加缺乏自信的产物。因为他们总是担心不及早动手可能完不成任务,所以总想尽快做完方能安心。说实话,他们在思维敏捷度和反应上,确实要比别人慢一些,"笨鸟先飞早入林"是他们经常采用的工作方式。其实,他们并不像自己想象得那么笨,最主要的还是缺乏自信。一旦进入工作状态,摒弃杂念,他们就能出色地完成任务。

因为反应慢和不自信的缘故,A型人一般离车站挺远就开始找买票用的零钱。他们喜欢未雨绸缪,凡事早做打算,追求完美,不愿意犯低级错误。反映在工作上就是很少拖沓,爱提前考虑和着手。"笨鸟先飞早入林"可能是对A型成功者的经典总结吧。

A型领导还有个特点,就是不愿和老总走得太近,甚至主动疏远,这可能与他们不善逢迎、自我主张强烈的性格有关。他们总担心言多必失,或怕坚持自己的主张触怒上司,所以为了更好地保护自己,他们倾向于低调做人。不爱交际和不善交际的性

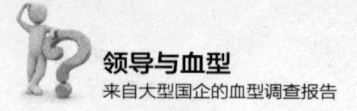

格,使他们与其他同级领导的关系也很一般,不过这倒是使他们有了更多时间来考虑和搞好自己的工作。

A型人在工作中抱有和AB型人类似的心态,即凡事首先要对自己有所交代才行。所不同的是AB型人几乎事无巨细都会认真对待,而A型人则可根据工作本身的轻重缓急有所侧重。A型领导是单向递进式思维模式,这决定了他们更适应"做完一件事情再做另一件"的工作方式。如果同时布置给他们两件以上的任务,而且要求几乎同一时间完成,他们就可能有点不知所措,不如AB型或B型领导那样能坦然应对。所以如果要确保他们的执行力,最好不要同时安排他们几项工作。

由于做事不爱投机取巧,注重工作过程甚至甚于结果,所以他们做同样的工作可能要比其他人付出更多的艰辛和努力;但工作效果往往要更好,也同样能赢得大家的认可。

第2章
根据血型诊断领导性格

第❸节 B型领导——老总眼里的香饽饽

正如国企中B型秘书最容易受到领导青睐并被重用一样，B型领导往往也容易受到老总的赏识而成为老总身边的红人。不只是因为气质上的关系（B型人相对而言是气质上的弱者，而气质上的弱者通常讨强者喜欢），在O型或AB型老总在位时，B型领导容易脱颖而出，同样在A型或B型老总掌权时，他们也同样能博得上级好感而被委以重任。这究竟是为什么呢？

当然还得从性格找原因，因为性格决定命运，有什么样的性格往往就会有什么样的命运。B型领导能够成为老总身边的"香饽饽"，与他们独特的性格特征密不可分。青年人找对象，常爱说"要找个性格好的"，那什么是性格好的呢？什么样的性格才是好的呢？

只要我们将B型人的性格列出，就能发现他们的魅力所在：见多识广、头脑聪明、足智多谋、处事灵活、待人和蔼、包容豁达、不好争执、乐于助人、热情好客、善于应酬、能说会道、风趣幽默、不太记仇、富有同情心、人情味浓、善解人意、有眼色、考虑问题周到……拥有这些阳光的性格特质，哪个领导会不喜欢呢？如果非要在四种血型之中选出最讨人喜

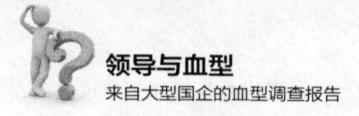

领导与血型
来自大型国企的血型调查报告

的，我想B型性格当数第一。这也是我多少年来一直梦想找一个B型女孩做妻子的原因所在。

当然，不可否认B型人也存在一些缺点，比如比较懒散、滥好人、缺乏协作精神等，但这些并不足以影响他们成为老总的好管家和好参谋。而受到老总器重的B型人，则很难再从他们身上找到懒散的影子。相反，他们会变得很勤快，而且很有眼色，能够急老总所急、想老总所想，许多事情在老总发话之前就能处置妥当。他们的办事能力很强，尤其擅长处理一些繁难杂事。他们能言善辩，善于打圆场，处事中庸，可以在老总面临尴尬窘境时大显身手。由他们出面一般不会激化矛盾，因为他们能够巧妙地周旋和应对，并善于将大事化小、小事化了。他们有惊人的酒量，尽管很多时候一喝酒就脸红，但仍旧可以将对手放倒，而且自己仍旧保持清醒的头脑。所以当老板在酒桌上无法支撑时，B型领导可以出面以身相代。加之B型人一般脑筋急转弯能力超强，善于逢场作戏，所以完全可以以一当十，将难缠的客人忽悠得吃好喝好、心服口服。

B型人能够长期受老总宠幸，还有一个重要原因是他们看待问题比较中庸，立场含糊、暧昧，能够包容不同的观点。尤其对于老总的决策或观点，他们总能够作出善意的理解，而且即使理解不了心里反对，也很少当面或直接表现出来。这就给老总一种非常知心的感觉，以为他们赞同自己，是个知心的下属。当然换个角度看，B型人这么做难免有逢迎拍马之嫌。

第2章
根据血型诊断领导性格

　　什么血型的人最能喝酒？有人说是豪爽大气的O型人，其实不然。整体而言，B型人更是酒桌上的高手。他们不仅自己能喝，而且忽悠别人喝的能力也超强。不必担心他们酒后吐真言，因为即使喝得再多，他们的头脑也非常清醒。所以搞公关时可以带上B型人，这样被放倒的只会是客户，而不会是自己这一方的人。

　　B型领导现学现卖的能力相当强，那些自以为只有自己才专业的人很快就会在善于学习借鉴的B型领导面前成为业余选手。B型人的这种过人之处，可以让他们几乎不受学科或专业的限制，只要他们愿意，短时间内就能成为行家里手。加之B型人本身就兴

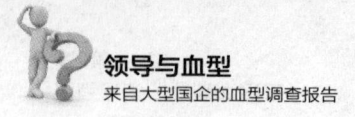

趣广泛，所以很可能发展为全能型人才。这恐怕也是引起老总们关注和赏识的一个原因。老总身边的人需要能说、会写，而这对思维敏捷、文采飞扬的B型人来说易如反掌。他们的文风有个显著特点就是会"穿衣戴帽"，爱"旁征博引"，同时还善于挖掘亮点，能够将成绩说出来。实践证明，官僚作风浓厚的国企老总普遍喜欢他们的这种文风。

B型人的中庸心态，也决定了他们在管理工作中不会急功冒进，提出或实践一些未经证明可行的想法。更多的时候，他们抱有"走一步，看一步"的心理，这样即使出现问题也可以迅速改弦易辙。他们深知干得越多错得越多，所以总善于避实就虚，遇到困难绕着走，这也是奉行"不出问题就是成绩"的官场哲学的体现。当其他血型的领导因为急功冒进犯下错误而受到严厉斥责时，无形中B型领导未曾出错的工作就可圈可点了。

此外，B型领导的无差别待人倾向，决定了他们不喜欢拉帮结派，所以可以和任何人都保持良好的关系，少有树敌，也就很少有被暗算或进谗的问题。如此，他们也不必担心自己在老总心目中因形象受损而遭冷落。

第4节　AB型领导——既当指挥员又做战斗员

伟大的军事家拿破仑曾经说过，"不想当将军的士兵不是好士兵"，但换个角度，这句话还可理解为，"当不好士兵的人一定成不了好将军"。很多人忽视了这一点，一些士兵成了将军之后也常常忘记了这一点。因为忘了本，脱离了群众，所以官僚作风便随之而来。这其中尤以注重力量对比的O型人最为明显。"与时俱进"的B型人也时常滑入官僚主义的深渊。这种变化在A型或AB型人身上不是太大，但能够将指挥员和战斗员角色浑然统一于一身的，还是奉行合理主义的AB型人。

早在作为企业普通一员的时候，AB型员工就很看不惯光说不练的官僚作风，所以在他们某一天升任领导时，决然不会成为一名"甩手掌柜"。基于合理主义的思维方式，他们不反对当领导有个领导样子，但认为领导作为团队中的一员，该自己做的事情还应当亲自做，不能啥事不干光瞎指挥。不但重要的事情或老总安排的工作要亲自抓、亲自做，诸如个人总结、职称申报、工作汇报、入党申请等完全可由秘书代劳的工作，AB型领导同样会郑重其事地对待，甚至亲自动手。也许这些工作做好做坏并不会对结果有多大的影响，但在AB型领导看来，这些是自己分内的工作，要对自己有个交代才行。另外，在周到细致的AB型

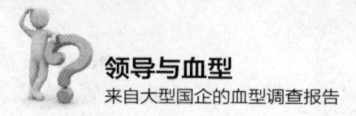

领导与血型
来自大型国企的血型调查报告

人眼里，似乎什么都是重点，这可能也是最终迫使其不得不同时兼任指挥员和战斗员角色的一个原因。稍微注意会发现，当你去办公室找AB型领导时，他们时常在电脑前敲键盘——不是在打游戏，而是在亲自修改工作文件。

不可否认，AB型人疑心重，不放心下属，这也是他们事事亲力亲为的一个原因。但更多时候，他们这样做还是出于一种合理主义的心态，那就是该下属做的下属做，该自己做的就应自己做。至于什么该下属做什么该自己做，没有一个恒定的标准，只是看他们自己的判断。

在很多事情上亲力亲为，是对自己要求严格的一种表现，但同时他们对下属的要求也非常严格。这一点与"严于律己，宽以待人"的A型领导有所不同，这依然是出于一种追求合理、追求公正的心理。在他们看来什么都让自己做而下属闲着，同样是不合理的。他们眼睛里揉不得沙子，对于懒散拖沓、投机取巧的行为深恶痛绝。由于作为领导的他们能够以身作则、率先垂范，所以员工们受其感召和影响，往往也会个个奋勇、人人争先，完成很多在一般人看来不可能完成的任务。

"既要做指挥员，也要做战斗员"，这不只是W集团AB型老总对中层的训诫，事实上也是很多勤快的AB型领导的实践箴言。对他们来说，他们一直就是指挥员和战斗员的复合体、统一体。他们不只是称职的指挥员，更是优秀的战斗员！

第3章

不同血型领导的手迹风格解析

本章根据W集团不同血型领导的手迹特点,进一步分析了其血型性格根源;从内容上看,属于血型领域的一大创新和突破,待进一步发展后,可供各个领域的专家学者做进一步参考和研究。

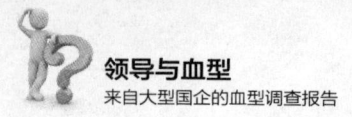

第 1 节　O型领导的手迹风格解析

O型人生性豪迈,性格粗犷,关注重点而不拘小节,如果没有从小刻意模仿或有意识地练字,他们写的字往往会显得粗糙、毛糙,不成形体,甚至可以说是四种血型中写得最难看的。

中国人比较注重表面,字写得怎样,在考试中可能影响到"卷面分",而在注重人情的国企有时可能会影响到仕途。对于O型人而言,他们不太关注字的好坏,因为他们更多是靠实干和能干成功的。比如W公司主管生产的副总,字就写得十分难看，但这并不妨碍他成为一个优秀的领导者。在O型领导看来，一个人把太多精力用在写字上是成不了气候的。他们从小就懂得做事抓重点，上学时重点关注考试得高分而不是写一笔好字（在高考状元之类的人中，O型人字通常写得相对较差），工作之后也不会刻意去练字。很多O型领导的字可以说基本停留在小学水平。但同样有很多O型领导的字写得也非常不错，这可能要归功于O型人优秀的模仿力（也可以看作是一种学习能力）。如果一旦下定决心，那么用不了多久他们就能练就一手好字，因为他们意志坚强，且又有不达目的决不罢休的倾向。O型人爱走极端，从他们两极分化的笔迹上可见一斑。

O型领导的字虽有极好和极差之分，但由于内在性格的一致性，仍旧体现出一些共同的特点和风格。比如豪放、大气、刚劲、有力、横平竖直、棱角分明、锋芒毕露等；但同时，也显得比较粗糙、机械、死板、僵硬。O型人写字时用力常积聚一点，所以下笔狠，字迹更黑粗，可以称得上是"力透纸背"；而且字与字之间排列齐整，行与行之间较为平行，间隔均匀。这和他们无弹性的直感有关，让他们能够无意识地准确把控好字间距和行距，显得非常程式化。总的来说，O型领导的字多呈方型且大字居多。当然，特别小的字有时也会出自O型人之手，这在女性O型领导中更为多见。

需要指出的是，血型性格只决定O型领导手迹的基本面，由于受后天环境熏陶和自身主观能动性的影响，O型领导的字体字形在保持基本风格的基础上，仍有很大的可塑性。这就是为什么同样是O型领导，会出现出形式迥异、千姿百态的字体字形的原因了。如果进一步细分的话，O型人的字又可分为偏A型、偏

B型、偏O型（典型O型）和偏AB型，其他血型领导的字也同样如是。偏A型的字迹显得比较拘谨、矜持、收敛、柔韧，走笔较圆润，字形呈长方形；偏B型的字迹比较松懈、散漫、轻柔、飘逸、秀气，字型呈正方形。

从整体上看，O型人的手迹风格与印刷中的"黑体字"特点更为趋近。不知是他们喜欢引人注目的性格使然，还是他们本身的写字惯性所致，在工作中，O型领导更多地偏向于使用黑体，即使不用于文章的全部，也会在标题或材料封面中大量地使用。

第❷节　A型领导的手迹风格解析

A型人是从O型人发展而来的，对于这一点科学界尽管有人不认同，但却也在一定程度上揭示了A型人性格中的链式思维逻辑很大程度上包含了O型人的直线型思维逻辑。正因为如此，A型领导的手迹常常与O型领导的手迹非常形似——如果他们的写字水平都停留在孩子阶段的话。

A型人的链式思维逻辑可以看作是若干个O型人的直线型思维逻辑的连接，这使得A型人在得出一个结论或做出一个判断时会花费更多的时间。这种思维方式潜移默化于他们的体质和气

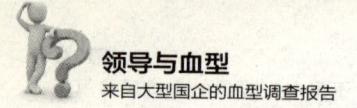

质,就造成了A型人行动迟缓、反应迟钝的特点。A型领导写字往往比别人慢就是这个缘故。走笔慢必然造成A型人的字体线条更为圆润和柔和,尤其是在折笔处多呈弧线,而不像出手快的O型人那样形成鲜明的棱角。当然他们的字也不像O型领导的字那样刚劲有力。如果将O型领导的字比作是钢丝折成的,那么A型领导的字更像是铜丝折成的。A型人认真、细致、追求完美的性格会进一步强化他们写字慢的倾向。正因为慢工出细活,所以他们的字总体看来比较工整。

A型人还有个特点就是注重细节,这使他们的注意力更多地集中在单个字体上,并希望将每个字都写好。但也因如此,他们失去了对字间距和行间距的整体驾驭能力,常常不是行走歪就是行距不平行,而字间距、行间距协调不好也使得整体效果大打折扣。而且A型领导的字受个人情绪影响也较大,情绪好时写得就好,情绪不好时写得就差,不像O型人或B型人的字那样更具有稳定性。

从性格上看,A型人比较拘谨和矜持,有自我抑制倾向,放不开自己,反映在他们的手迹上也是比较拘谨、小气,给人以放不开的感觉。这种性格决定了他们写大字的情况不多,字体通常比较适中或偏小些。A型人关注细节、循规蹈矩的倾向,使他们十分在意写字的过程,试图把每一笔都写到位,并均匀地分配笔画,这就使得他们的笔迹缺乏个性而趋于大众化。如果要连笔的话,也很少出现飞跃,容易形成比较复杂的字体轮廓,显得很沉重、僵滞,而不飘逸、秀气。

不知楷体的创始人是否是A型,但A型人关注细节的作风、重视过程的特点,使他们在练字时更喜欢选择楷体。而且他们本来出手就慢,导致字折笔处不干脆,显得比较圆润、柔和,客观上也形成了与印刷体中的楷体更为接近风格。楷体虽非常有笔体,每个字都很好看,但与黑体或宋体相比又缺乏一种大气感,连字成段的话整体效果反而不像宋体那样大方规整。加之官方文件偏好使用宋体和仿宋,所以易受外界影响的A型领导在字体使用上也越来越倾向于选择宋体或仿宋了。

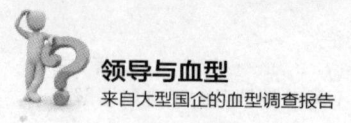

第 3 节　B型领导的手迹风格解析

B型人也是O型人发展而来，形象地说是O型人不断碰南墙后学会绕南墙走的产物。因此，在那些O型化很深的B型领导那里，我们仍旧能够从他们的手迹上看出O型人性格的影子，如字形粗糙、有棱有角、不工整、无笔体等。如果不仔细辨析，我们很容易将一些B型领导的手迹当作是O型领导的。

但B型领导终归不同于O型人，在他们学会绕南墙走之后，O型人原有的争强好胜、意志坚定、目的性强的特点已经淡化，灵活善变、从容淡定、自由散漫、知足常乐已成为他们性格的主色调。这些性格决定了他们写字时不会很用力，下笔轻浮、走笔随意，写出的字仔细看会发现缺乏刚性，力度不足。如果将O型人的字看作是钢丝折成，那么B型人的字更像是树枝堆砌而成，在折笔处比较僵硬。最后一笔若是"捺"，常常是戛然而止，没有完全捺开，走笔短促且没有收笔之感；最后一笔若是竖画，虽会像O型人一样夸张拉长，但却没有O型人写得干脆、利落，而是轻柔下垂如杨柳枝条，流露出B型人不走极端、适可而止、中庸调和的性情。这种性格从一些B型领导常常喜欢在折笔处"顿"一下再折笔（折笔处被削去棱角）也能反映出来。

但这并不妨碍B型领导会写出一手好字。因为好字往往出于自然、随意，而他们通常下笔轻盈、走笔随意，假以时日往往会形成"行云流水、清秀隽永"的书法风格，达到"矫若惊龙，飘若浮云"的至高境界。

由于B型领导重形式、要脸面，所以比起其他血型的领导更加注意写字方面的修炼。在国企中写一手好字的B型领导大有人在。B型领导下笔轻快、走笔流畅的特点，使他们即使速记时也能保持基本的笔体，不会像A型领导那样一写快，就会紧张、乱方寸，把字写得一团糟。

B型领导的手迹还有一个特点，就是单看某一个字的安排不是很好，但整体看一段字则很大方、规整。而且B型人与生俱来的平衡能力，可以使字间距、行间距等安排得比较均衡、自然，整体效果让人赏得非常舒坦、大方。

另外，不知什么原因，B型领导的字大多有向右上角倾斜、左下方里拐的倾向，好像越往后写越无力度，给人以头重

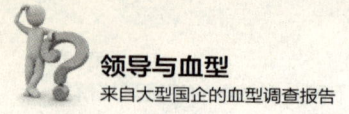

脚轻之感。

总的来看，标准的B型领导的字体具有轻盈、飘逸、清秀、柔和、散漫、松懈等特点。从常用印刷体中似乎找不到与之相似的字体，不过O型化的B型领导的手迹风格，与宋体字则有着千丝万缕的联系。比如僵直，有些棱角，最后一笔不张扬、有收笔的倾向等。这或许就是绝大多数B型领导，喜欢在撰写文字材料中采用宋体的原因。

第 4 节　AB型领导的手迹风格解析

[手写体字迹图片]

　　AB型是A型和B型的混合体，反映在性格上是A型性格和B型性格的对立统一体。因此，从AB型领导的手迹风格上，我们可以看出兼有A型和B型领导字体的双重特点：既有A型领导的圆润、柔韧，又有B型领导的僵直、飘逸。由于AB型人血中尚含有O型的成分（O型抗体），或长期受O型父母的熏陶，所以AB型领导的手迹有时还会流露出一些O型领导笔迹的特点，比如笔画拐弯处比较僵硬、最后一笔拉长且刚劲有力等。如果不仔细辨

析，我们很容易将AB型领导的手迹当作是O型领导的手迹。正如AB型人很难被识别一样，AB型领导的手迹由于同时兼有三种血型的人特点，识别起来相当不容易。如果我们仅仅是关注或放大某个体现性格的细节，很容易将他们判断为A型、B型或O型人。但如果我们感觉某种字体既像A型人写的又像B型人写的还像O型人写的话，那么它很可能真是出自AB型领导之手。

和O型领导的手迹相似，如果从小没有经过专门的训练或写字时并未有意识地向好，那么AB型人写出的字通常也非常难看，甚至孩子气显著。这可能是因为AB型人头脑中A型和B型两种性格相互博弈一时无法统一的缘故。过于偏A型或偏B型倾向，都可能导致在下笔力度和结构安排上失衡，所以AB型领导的笔迹常呈现出十分别扭的书写风格。但经过长期的学习和历练（包括有意识地练字），可以使AB型双重性格得到同步发展并最终形成巧妙的平衡，将两种完善性格的力量均衡地释放到下笔中，写出风格独特好字，达到书法艺术的至高境界。不仅每个字看起来不错，整体看效果也会很好。AB型人写字时相邻两个字时常是一个左斜、一个右歪，这与单一血型性格字体通常只向一个方向倾斜有所不同，是A型性格和B型性格进行意识较量反映在书法中的产物，体现出AB型人在书法中同样追求平衡和合理的一面。此外，AB型领导的手迹还有一个与O型领导相似的地方，就是一句话中字有大有小，错落有致，高低相依，极具艺术性和欣赏性。

总的看来，写一手好字的AB型领导的手迹，融合了A型和B型领导两种字体的优点，既圆润、柔韧，又清秀、飘逸，同时还带有O型领导笔锋的力度感。如果把宋体字看作是B型人的创作，楷体字看作是A型人的创作，那么仿宋字更像是AB型人的创作。我们可以将仿宋看作是介于宋体和楷体之间的一种过渡字型，它与兼有A型和B型双重性格特点的AB型人有着千丝万缕的联系。正因为如此，在工作中AB型领导通常更喜欢采用仿宋体来撰写文本材料，而且他们的审美倾向还对A型、B型甚至O型领导都产生了潜移默化的影响。宋体字虽大方、工整但显僵硬，楷体字虽柔韧、有型但显小气，这样不论是B型领导还是A型领导都不约而同地喜欢上了兼有宋体和楷体双重优点的仿宋体，如此少数派的O型领导当然也不会太坚持采用黑体字了。

第4章

领导血型分布规律及岗位适应性评价

本章用统计分析的实证手法，阐述了W集团领导血型的分布规律及其背后的血型性格原因。通过逐一解析AB、B、A、O四种血型领导的管理风格和特点，论证了他们仕途经历的必然性，进一步证明血型决定性格，性格决定命运。

第 1 节　W集团领导层血型分布规律

作为巨型国企的W集团主要领导层血型分布如下：O型27人，占40.8%；B型17人，占23.9%；A型14人，占22.5%；AB型9人，占12.7%（见表1）。

从表1中可看出，无论是绝对数量还是相对数量，O型人都占有明显优势；AB型人的相对优势也比较明显，排在第二位；B型和A型领导虽然在数量上较AB型为多，但从职权优势上看，要排在O型人和AB型人之后。

表1　W集团主要领导（高层和中层正职）血型分布

序号	姓名	血型	职位或单位	序号	姓名	血型	职位或单位	序号	姓名	血型	职位或单位
1	郭文斌	AB	总经理	28	荣生光	A	公关部	55	宋成勇	B	生产部
2	吕光	O	书记	29	张青山	A	质量部	56	袁月明	B	建材部
3	钱广厚	O	副总	30	王俊	A	采购部	57	李致兴	B	生产部
4	岳祝礼	B	副书记	31	燕如枫	A	信息部	58	王易明	B	生产部
5	崇日军	O	副总	32	郑建国	B	企划部	59	孙军军	AB	生产部
6	周立兴	B	副总	33	杨正业	B	人力部	60	宗世荣	AB	生产部
7	宝志国	O	副总	34	武守义	B	民品所	61	郭任远	B	动力部

续表

序号	姓名	血型	职位或单位	序号	姓名	血型	职位或单位	序号	姓名	血型	职位或单位
8	何继建	O	副总	35	洪志强	B	法律部	62	党向阳	AB	高工部
9	张伟达	A	副总	36	李现山	B	物流部	63	安俊杰	B	党委办
10	林永安	B	副总	37	付长水	AB	资运部	64	毕建胜	AB	组织部
11	鲁 达	A	高工	38	荣得益	AB	设备部	65	周文成	O	宣传部
12	李 岳	B	高工	39	侯明庆	AB	保密部	66	安富强	O	纪检处
13	全久安	B	高工	40	温庭光	O	生产部	67	田中兴	A	工会
14	张勇	A	高工	41	鲁得志	O	生产部	68	伍传世	O	团委
15	禀成远	B	高工	42	李敬山	O	生产部	69	刘利勇	A	环卫部
16	赵国治	A	外贸部	43	郭志	O	生产部	70	田云飞	O	医院
17	文光生	A	秘书长	44	李智勇	O	生产部	71	张美萍	AB	幼教
18	刘成天	O	计划部	45	刘文武	O	生产部	72	辛艳荣	O	技校
19	万祖光	O	生产部	46	燕三山	O	运输部				
20	时守信	O	技安部	47	徐光达	O	安装部				
21	米晋阳	O	保卫部	48	林三喜	O	检验部				
22	李力健	O	武装部	49	王坚强	O	理化部				
23	郁夫生	O	电视台	50	王生贵	A	研究所				
24	王新	O	档案部	51	成鹏	A	火工区				
25	东成山	O	培训部	52	马成族	A	热力部				
26	葛丰达	O	离退休	53	李强	A	生产部				
27	仁冲天	A	财务部	54	高志远	B	生产部				

造成这种职权分布格局的重要原因就是性格，而性格受血

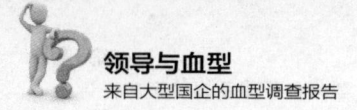

型影响较大。简单地说，O型人和AB型人权力意识较重，二者都比较要强和积极进取。此外，作为普通员工的O型人比较吃苦耐劳，AB型人则聪明能干，这些都决定了O型人和AB型人容易获得上司的提拔和重用而步入领导行列。而B型人和A型人权力欲望比较弱，当领导的主观能动性不够，从而降低了他们成为领导的可能。另外，B型人性格别扭，不太合群，缺乏组织纪律性，有我行我素的倾向，也容易招致团队其他成员和领导的反感。A型人则处事低调，不爱张扬和表现自己，所以也很难被领导发现和赏识。

总的看来，除了O型领导所占比例较高外，其他三种血型的分布还是比较平衡的，但在不同工作性质的部门当中，领导血型的分布又表现出较大的差异性。比如在策划性、公关性很强的部门如企划部、资运部、法律部等，B型人、AB型人占有相对的优势；在需要细致工作、坚持原则、铁面无私的部门如质量部、技安部、检验部等，O型人、A型人占有很大的比例；生产、保卫、武装等组织性、纪律性很强且需要吃苦耐劳的部门，O型人占有绝对的优势。生产系统尤其典型，不仅生产经营部领导是O型人，主管生产的两个公司副总（军品和民品副总）也是O型人。更令人难以置信的是，前任三届生产经营部主任也全都是O型人，而且在生产单位中，O型领导也占据了主导优势。

从血型性格的角度看，这种不同部门的血型分布差异是合理且必然的。由于B型人、AB型人头脑灵活，点子多，富于谋略而且交际能力强，所以自然会选择或被动选择计划、策划、公关等部门或岗位；A型人追求完美、作风细腻、呆板不通融，O型人原则性强、敢指正别人、不妥协、不让步，所以非常适合在质检部门工作。另外，O型人吃苦耐劳、富于实干、竞争意识强烈，自然会在生产管理或生产一线中脱颖而出。此外，B型人足智多谋，对新生事物敏感和接受快的特点，使得他们处理技术性难题时得心应手，故他们当中做高级工程师或在技术部门担任要职的不在少数。

当然，单从领导血型分布上还很难说明部门性质和领导血型之间存在必然的关联性，因为在国企这一具有中国特色的企业环境中，官员的任用还存在任人唯亲或照顾人情的现象，这使得血型规律不能完全发挥作用。也就是说，有些领导在血型性格上并不一定与他主管部门的工作性质相适应，但因为人情的原因被安排到了这个部门。如公关部是一个公关性强、外事活动多的部门，部门成员B型人占了一半以上。从性格上看，A型领导并不适合这种部门的工作，事实证明也是如此。公关部曾有个A型领导，由于在性格上难以驾驭令他们头疼的B型员工，而B型员工也从心理上对A型领导毫无敬畏感，且很容易把握A型领导的心理状态和一举一动，所以在管理博弈中A型领导最终权威丧尽，失去了对部门人员的控制力，导致整个部门呈现出懒散、拖沓、避重就轻、推诿扯皮、纪律涣散的工作作风。三年后，这位A型领导终于还是被撤换掉了。

另一方面，也不是说血型性格不适合的领导，就一定不能胜任某种部门的领导工作。**我们并不主张血型宿命论，血型性格的职业适应性也不是绝对的，有些工作完全可以通过后天的学习和锻炼而胜任**。而且部门工作未必需要领导事必躬亲，完全可以通过"将合适的人用到合适的岗位上"来实现其既定的工作目标。如公司外贸部领导就是A型人，从性格上看，他不善交际和应

领导与血型
来自大型国企的血型调查报告

酬,应变力差,但他经过长时间的锻炼和学习,最终成为营销方面的业务能手。同时,他也非常善于管理他的团队,在市场拓展方面用人不疑,通过合理授权,让善于搞营销的B型和O型员工对国外市场分片包干,独当一面,并尊重他们在业务工作中的自主性和创造性,从而调动起了广大营销人员工作的热情,外贸出口连续几年呈现出喜人势头,出口交易值一再创出历史新高。

由于时间和条件有限,作者对W集团中层领导副职的血型调查尚未完成,因此上述领导血型分布资料尚具有一定的局限性,尚不能全然反映出领导血型的职业适应性,只能从中大致把握领导血型与所从事工作特性的关联性。可以预料,随着对中层领导副职血型调查的深入展开,调查样本会进一步扩大,我们将能够更清晰地看出领导血型与工作特性之间的相关性。

第❷节　经理层血型构成适宜性分析

从上一节的表1可以看出，在W集团的八位高层中有五位是O型人，不仅远远超出了O型人在W集团员工中的分布比例，也大大超出了O型领导在中层正职以上领导团队中的比例。这或许与O型人权力意识较重、比较要强、积极进取及吃苦耐劳从而容易成为领导有关。在五个O型副总中，除了两位具有大专以上学历外，其他三位都只是小学学历，都是从基层员工做起，到劳模到班长到工段长再到分厂厂长，一步一步上升到副总位子的。W集团是一个注重实干的地方，从O型领导在高管层中占有绝对优势这一点得到了充分印证。

另外，从O型副总主管的工作来看，两位主管生产（军品生产经营和民品生产经营），一位主管财务，一位主管技术，还有一位主管安全生产。可以说，O型副总主管的工作都与生产经营直接相关。造成这种集中分布的原因，很大程度上归因于他们血型性格的职业适应性。比如O型人有较强的组织纪律性，争强好胜，目的性强烈，同时组织能力、指挥能力也非常优秀，这些可以说都是搞生产管理工作最基本、最重要的素质。同时他们生性豪爽，讲义气，朋友较多，交际能力强，对利害关系算计准确，做事能抓住重点，所以他们的经营能力也胜人一筹。

不仅是生产经营，财务管理上O型人也能大展身手。虽然他们平时粗枝大叶，但在算计金钱时往往能做到准确无误，这要得益于他们在数学方面的天赋和一旦选定某个专业就会专心致志的性格特点。O型人的财务管理天赋还可从他们中很多是炒股高手和博彩高手中窥豹一斑。在资本运作日益流行的今天，O型人做事抓重点、利害关系算计准确、胆子大、出手果断的特点，也使他们往往成为资本运作方面的高手。

技术方面，O型人同样见长，这既与他们的性格偏好有关，也与他们专业化的能力密不可分。O型人对技术通常比较有兴趣，加之他们做事有抓重点的倾向，一旦选择了研究方向就会全身心地投入，故往往会发展成为某一技术领域的行家里手。在技术创新越来越重要的今天，O型技术能手或专家很容易受到提拔重用而升任要职。

从表面上看，粗枝大叶的O型人似乎不适合需要认真、细致的安全管理工作，实则不然。他们组织能力强，原则性强，敢碰硬，遇到问题不妥协、不让步，这些都是搞好安全管理不可或缺的品质。O型人在安全生产部门担任要职屡见不鲜。其实，职位越高越强调抓重点，对安全部高层领导而言，粗枝大叶已不足以成为其搞好工作的障碍，只要能抓住重点、善于组织、坚持原则、严格奖惩，同样能够搞好安全管理工作。

在高管层中，尽管AB型人只有一位，但因为是企业老总，所以对整个高层领导作风及管理风格形成也有着举足轻重的影响。A型副总一，B型副总二，分别主管质量工作和生活后勤工作；所占比例虽然不大，但对O型性格主导的生产经营版块而言，A型和B型副总的存在可以说是有益的调剂和必要的补充。

第4章
领导血型分布规律及岗位适应性评价

A型副总管理上比较人性化，B型副总则具有人情味，双方的平民色彩都很浓厚，比较平易近人，这在一定程度上能够缓和O型副总过多可能带来的强硬作风和官僚主义色彩。

O型人目的性很强，目标管理非常适合他们；他们常因吃苦耐劳成为劳模；但有时也为达到目的不择手段，干活比较粗糙，甚至跨越程序，所以常造成许多废品。

在生产组织能力上，O型副总虽然优势明显，但在细节管理上比较粗放；另外O型人由于目的性过强，过于注重结果，所以可能忽视过程，甚至可能为达到目的"不择手段"，违规操作、跨越程序，破坏企业质量管理体系的有效运行。A型人追求完美，注重细节，比起O型人的关注目的，更加关注过程，注重程序正义，这使得他们可以与O型副总在工作中形成有力的互补,在O型人忽视的环节给予更多关注和提点,减少质量事故的发生。另外,注重细节的A型人生性敏感,可以先于他人及时发现产品中潜在的质量隐患并把质量事故消灭在萌芽状态。

令人挠头的生活后勤事务同样不适合生性耿直、缺乏技巧和应变能力的O型人。AB型人虽然某种程度上适合,但作为老总,生活后勤事务并非其关注的重点,这种情况下善于交际、能言善辩、懂得变通富有弹性的B型副总的存在就显得相当必要。

在O型人占绝对多数的高层,位居权力之巅的最好是AB型人。如果是O型人任老总,将使高层在管理风格上过于强硬和冷酷,而且O型人过多还可能导致激烈的派系斗争,使整个高层处于比较紧张的状态,不利于工作的有效展开。如果是A型人任老总,虽然相对于O型人,A型人是气质上的强者,但O型副总过多仍旧会给不够强势的A型人带来巨大的压力,不利于老总智慧和能力的充分发挥。B型人任老总很容易被强势的O型副总轻视,甚至遭致他们的强烈抵制而威信尽失,很难稳坐一把手的位子。AB型人任老总则不同,他们在性格上比A型人和B型人更加强硬,更重要的是他们能够与包括O型副总在内的任何人保持一种距离感,这种距离感可以给他们增添一种神秘色彩,让他人难以捉摸,甚至望而生畏,在此基础上可以有效维护自己的地位和权威。在一把手说了算的国企,副总实际上更多担当了执行者的角色,而且O型人执行力又很强,所以AB型老总可以将自己的理念和决策通过O型副总很好地贯彻下去。很大程度上被架空了的O型副总们由于实权尽失,彼此之间也不易因各自理念和主张的不同而发生矛盾和冲突,即使有也可以被AB型老总客观公正地从上而下协调解决。另外，O型副总们在年龄分布上较有层次感，而O型人通常对长辈又比较尊重，这在一定程度上缓解了O型人之间因年龄相近可能产生的紧张氛围，有利于领导班子内部的团结协作。可见，在O型人为主的高管层，AB型人处于权力之巅是最佳的选择。事实上，出于血型性格上的巨大反差及由此造成的彼此吸引，处于权力之巅的AB型老总也更愿意提拔O型人做副总，正如AB型人总是愿意找O型人作对象一样；所以造成目前W集团高管层血型分布状态的，很大程度上仍旧是血型性格规律在背后悄然发生作用。

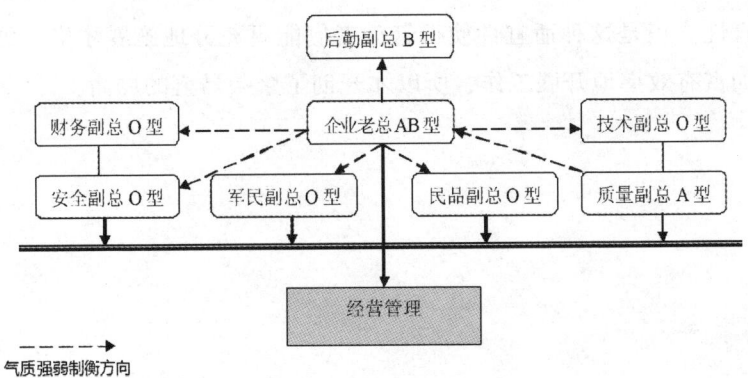

图1　W集团经理层血型性格制衡结构图

A型副总虽然是气质上的强者（因其不是由AB型老总而是上级机关提拔的），但因A型人生性柔弱，权力欲不强，处事低调，主管的又是缺乏实权的质量工作，所以不至于对AB型老总的权力造成威胁。B型副总则在气质上完全处于弱者的地位，容易被AB型老总把握和掌控，所以也不会给AB型老总带来心理上

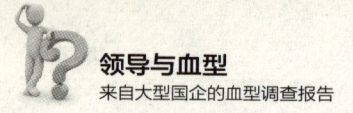

领导与血型
来自大型国企的血型调查报告

的压力。这使得AB型老总在经营管理决策和指挥上更放得开、更得心应手,也因此能够充分地发挥出他的智慧和能力。

  总的来看,W集团高管层的血型构成是相当合理和优化的,因此在权力运作上相对和谐高效,几乎不存在争权夺利、相互倾轧的现象。虽然处于副总位置的O型人、B型人和A型人偶对AB型人的做法有所不满,但从未出现过公开对抗的情况。高层内部的和谐有助于形成一个强有力的领导班子,有利于领导者将更多的精力和时间运用于经营管理之中,有利于形成一个井然有序的工作氛围。W集团近年发展迅猛,业绩显著,很大程度上要归功于高管层乃至整个领导团队在血型分布上的适宜性。正是这种适宜性使得管理者们能更充分地施展才华,更加富有效率地开展工作,所以才开创了繁荣昌盛的局面。

第4章
领导血型分布规律及岗位适应性评价

第 3 节　AB型总经理的性格图谱

尽管我研究血型性格已经十多年了，但在对AB型人性格的认识上一直相对比较粗浅，在判断AB型人的时候也常常出现错误。在进入W集团核心管理部门之后，我有了更多的机会接触包括老总在内的AB型领导，耳闻目睹他们的言行举止、思维方式，以往对AB型人性格模糊的认识开始变得清晰起来。AB型老总给人的印象是冷峻、严肃、不苟言笑、反复无常、追求合理、认真细致、勤快、注重细节、面面俱到、爱憎分明、待人豪爽、讲求实际，同时顾及人情。

从理论上看，AB型人的性格凝聚了A型人和B型人两种性格的优势，也附带了A型人和B型人性格中的不足和弱点。另外，A型、B型血液中的物质成分的多少也在一定程度上左右着AB型人的性格倾向性（偏A还是偏B）。从W集团老总的种种表现来看，他应该是AB偏A型：表情上严肃、认真、不苟言笑；工作中注重细节、追求完美；作风上身体力行、率先垂范，对自己和员工都严格要求。AB型人的情绪变化是没有规律的，人们很难把握AB型老总会在什么时候发脾气。一般情况下，尤其是在大庭广众之下他会照顾到下级的面子，不轻易动怒，但偶尔也会因为一件不起眼的事情大发雷霆。不过即使经常发怒，他们也很少"出口成脏"，只是语气上会

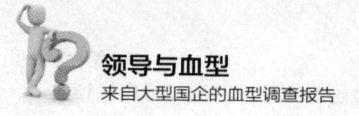

领导与血型
来自大型国企的血型调查报告

严厉得多。而且他们会就事论事，不会进行人身攻击。这一点和O型领导有所不同。

　　AB型人一般给人不爱吭气的感觉，但实际上他们一旦说起来，就会口若悬河、滔滔不绝。为什么AB型人如此健谈呢？通过对AB型领导讲话特点的分析，我搞清了个中缘由。原来，AB型人不只是性格上的矛盾统一体，而且在思维上也是矛盾统一体，这促使他们在表述时喜欢从正反两个方面进行论述，如此一来就增加了一倍的话语量。比如，W集团的AB型老总曾说过："企业最大的负担就是人情，不破除人情什么事情也搞不好。"但随即他又话锋一转："该走的人情还是要走的，毕竟这是中国的国情，关键是要把握好度，在有原则的基础上讲人情。"可见，AB型人讲话非常辩证，翻来覆去地讲，自然就会让人感觉"话多"且"能说"。

　　和大多数勤快的AB型人一样，W集团的AB型老总可以说是近二十年来少有的勤快型领导。对于诸多来W集团的参观访问者，无论地位高低、名气大小，AB型老总总要亲自接待，极尽宾主之谊；同时对上级主管部门的要求也是努力满足，从不要滑。但从另一个角度看，太勤快未必是一件好事情，因为这使他几乎没有时间静下心来思考企业战略性问题；而且过于勤快也说明企业管理很大程度上还是人治，还没有转入制度管理、科学管理的轨道。事实上，疲于奔命的AB型老总根本没有时间对公司亟待加强的基础管理工作进行全程指导和监督。

　　另外，AB型人的疑心也比较重，这使他们很难完全相信别人，也许正是由于这个缘故，他们有意与他人保持距离。W集团的AB型老总疑心也比较重，将公司的"人、财、物"完全集

第4章
领导血型分布规律及岗位适应性评价

中在自己手里，在事实上将相关主管副总架空了，这从一定程度上反映出他对别人能力或人品的不信任。但权力过度集中，必然会导致公务缠身，再加上融合了A型人的认真、细致和B型的全面、周到，所以AB型老总干工作没有重点，时常陷入琐事泥潭。

AB型老总事无巨细都要过问的倾向，既剥夺了分管副总的权力，也让自己陷入琐事中疲于奔命，无暇思考企业战略性问题。

AB型人头脑中的A型思维方式和B型思维方式相互纠缠、冲突、最终妥协形成了合理化倾向。W集团的AB型老总也是一个典型的合理主义者，表现在管理实践中就是"具体问题具体对待"，避免"一刀切"所导致的不公平。但"合理化"举措就一定能够确保公平吗？受个体主观性影响，AB型人对何谓

"合理标准"莫衷一是,而他们自视为的合理做法在其他血型人看来也未必合理。所以在管理实践中,AB型人的合理化思维方式所导致的结果往往背离了合理的初衷,甚至造成了更大的不合理。另外,凡事追求合理,必然导致政策和做法的繁杂,客观上会给投机钻营者留下可乘之机。再者,A型和B型两种思维方式在AB型人头脑中并不是对等的而是相互消长的,一段时间内可能A型思维逻辑占主导,一段时间又可能B型思维逻辑占主导,由此往往会导致AB型人性格上的"反复无常",令下级无所适从。

此外,AB型总经理还是个独裁的人。

谈到独裁,人们很容易联想到美国式管理风格。这与美国人中O型比例巨大及由此导致的O型化国民性格密切相关。由于O型人注重力量对比,崇尚、尊重权威,所以当他们处于弱者的地位(普通职员)时,往往会表现出顺从、服从的姿态;但因为其性格本质是争强好胜的,所以一旦力量对比发生变化(如得到晋升,成为领导),就会呈现出咄咄逼人的强硬姿态,显得冷酷无情和独裁专断。

从性格角度看,人们似乎很难想象AB型人也会在管理上表现得冷酷无情和独裁专断,但事实上,不少AB型领导独裁专断的倾向与O型领导相比甚至有过之而无不及。造成这种变化的原因,应该是其合理化思维方式导致的"具体问题具体对待"的倾向,使其身份变时作风也变。当然,只有当AB型领导是一家之主,处在企业权力之巅,没有任何人制约时才会独裁,否则他们就会有所顾及,或出于合理性考量,在领导风格上不会过于张扬。AB型领导走向独裁专断往往是一个渐近的过程,随着每一次职位升迁不断强化,所以在成为老总之前别人并不会明显感觉到他们的变化。

W集团的AB型老总就是如此,据说当年在基层时比较有人情味,但随着职位的不断提升,变得越来越冷酷专断,让下属时常处于紧张状态,如临深渊,如履薄冰。

造成AB型老总性情和作风发生变化的原因,与国企自身的特点也有很大关系。国企普遍存在"一统就死,一放就乱"的管理困局,决定了AB型老总在位高权重之际,只有通过加强集权才能树立权威,否则很容易让人以为软弱,进而导致管理失控。另一方面,领导者独裁专断是国企中的普遍现象,AB型老总只有主动去适应这种官场环境方能更好地生存。由于AB型人有B型人性格中与时俱进的一面,同时能够尊重传统秩序,所以最终形成独裁专断的领导风格也在情理之中。

不过同样是独裁专断,AB型领导者与O型领导者相比仍旧有着明显的不同。O型人团伙意识较强,也爱拉帮结派,这种性格决定了他们成为企业老总之后,往往会提拔许多亲信安排在重要岗位,一方面借此来巩固自己的地位,另一方面将其作为智囊为自己出谋划策。**换句话说,O型老总表面上显得独裁专断,但实际上并未把自己陷于孤立,有很多他的亲信始终在支持他。**而AB型老总在作为普通职员时就与人保持距离,朋友较少,做到老总之后仍旧不爱拉帮结派、任人唯亲,这样做虽有助于维护自身权威,树立廉洁奉公的形象,但同时也会让广大领导干部望而生畏,敬而远之,从而让他在走向权力之巅后变得孤立。

AB型老总在做重大决断时,很大程度上依赖自己对事物的判断,较少能够参考其他领导的建议,也因此显得一意孤行。

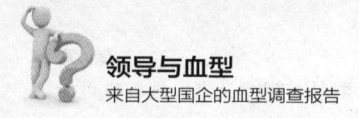

领导与血型
来自大型国企的血型调查报告

同时，AB型老总事无巨细都要过问的倾向，很可能挫伤副总的工作积极性、主动性和创造性，导致上下相互猜忌、相互提防。换句话说，老总越是不放心下属，下属的聪明才智就越是无从发挥，如此又会让领导对下属的才能更感到不放心，进而更多地事必躬亲。久而久之，企业管理最终沦为了AB型老总的"英雄独舞"，既当指挥员，又做战斗员。

既当指挥员，又做战斗员，AB型领导即使升任企业老总，也不会改掉这个其实并不适合企业管理的习惯。由于AB型人有不相信别人倾向，所以热衷于事无巨细事必躬亲。当老总把什么事情都当作重点亲自过问时，副总的权力实际上已被架空。靠一个人的力量是无法扭转管理困局的，最终会深陷其中疲于奔命，败下阵来。

虽然AB型领导也比较注重制度建设，并试图通过加强制度建设来实施有效管理，但由于国企老总应酬较多，而且常出差，又缺乏亲信下属充当执行总监，因此再好的制度也无法贯

第4章
领导血型分布规律及岗位适应性评价

彻始终。老总坐镇时，领导干部小心谨慎，表现尚好；可一旦老总外出或应酬，很多人就会感到如释重负从而放任自流。此外，AB型领导还有反复无常的倾向，这就导致他作出决定后随时可能发生变化，这也是导致国企很多政策和制度不能贯彻始终的一个原因。

尽管AB型老总在性格方面上存在一定局限性，但他的工作能力和工作作风，尤其是他的人品还是有口皆碑的。最难能可贵的是，AB型领导的认识能与时俱进，及时修正自己的错误，从而保证决策方向的正确。当然，如果AB型老总能够更好地克服性格中的弱点和不足，尤其是更多地信任下属并聆听下属建议，同时大胆放权，完成由人治到制度管理的转变，那么企业的经营管理水平还会迈上一个新台阶。

第 4 节　B型人不适合搞管理吗

在国有企业中，B型人占有较大的比例。懒散、拖沓、注重人情关系的明显B型性格色彩，对国企作风的形成产生了很大的影响；执行力匮乏、做事虎头蛇尾、对违反制度规定的现象过分宽容姑息等成为国企管理的常态。另外，由于B型领导比较缺乏原则性，过分变通迁就，不能率先垂范、以身作则，更使国企管理工作雪上加霜。

但同时由于B型人善于交际、公关，能说会道，干活、做事有窍门，左右逢源，不得罪人，又很容易受到高层领导的赏识提拔，从员工群体中脱颖而出，成为"少年得志"型的领导者。这样一来，B型管理者众多便与国企管理水平普遍较低形成了鲜明的映衬。

从W集团的实际情况来看，管理水平不高的确与B型领导较多有一定的对应关系。与其他血型人管理的部门相比，B型领导负责的部门一般纪律较为涣散，工作效率较为低下，在与其他部门打交道过程中，经常发生推诿扯皮的现象。那么，是不是说B型人就一定不适合搞管理呢？

其实，任何一种血型性格都有与管理相适应的一面，比如B型人作风民主，善于倾听不同意见，待人平等，善于交际，这些

第4章
领导血型分布规律及岗位适应性评价

都是搞管理工作必备的素质。如果能够给B型人一个适合其发扬性格优势的管理环境，B型人也是能够胜任管理工作的。W集团最近几年提拔的年轻干部中，有很多就是B型人，由此更证明了其实B型人是能做好管理工作的。

李敬山之前是电镀公司的技术厂长。他属于比较典型的B型人：不合群，我行我素，为人正直，没有官架子，不爱走上层路线，和高层领导接触不多。所以，他很长一段时期里没有得到提拔重用，一直屈居副职。

在升任正职之后，B型的李敬山在管理方面的优势很快表现出来。因为B型人考虑问题比较周全，足智多谋，擅长策划，所以不论是制度建设还是工厂现场管理，他都搞得有模有样、富有成效。制度建设面面俱到，制度设计简单、实用；现场管理布局科学、定置合理，物品摆放井然有序，环境整洁令人赏心悦目，在检查评比中每每得分较高。另外，由于B型人的权力意识、等级观念不强，因此李敬山的领导作风比较民主，尤其在管理员工众多的分厂时，更是能抓大放小、合理分权。李敬山厂长上任不久就把具体的生产管理权下放给车间主任，不直接干预生产，只是协助解决生产过程中出现的重大问题。这样一来，不仅激发了下属的主人翁意识和工作热情，而且把自己从大量具体的繁琐小事中解脱出来，能够对分厂的发展进行战略性思考和规划。

在外人看来李敬山厂长要比其他领导悠闲得多，这也是B型

领导的一个共同特征。但"悠闲"的背后折射的是B型人的管理智慧。其实,这种悠闲也并非无所事事,B型人的思维是停不下来的,即使看似悠闲时也在动脑筋、想办法。在李敬山的领导下,电镀公司无论是生产环境还是员工作风都发生了很大的变化,员工的工作积极性和满意度也空前提高,同时员工的收入水平也大幅提高。

另外一个在动力公司任职的B型领导郭任远也很出色,在管理方面形成了自己的一套(实际上也符合B型心态)独特理论。他认为管理的目的是更好地完成工作,而工作的好坏与员工的心情密切相关,与其一味地像警察一样对工人进行严密监督和惩处,让他们诚惶诚恐、闷闷不乐,倒不如想方设法哄员工高兴,让他们心甘情愿、乐此不疲地执行任务。依照这种管理理念,郭任远设计出了一套非常人性化的管理制度,其中在员工早操制度上的改革给大家留下了深刻的印象。

W集团自2003年开始执行早操制度之后,由于人们多年来没有养成做操的习惯,故各单位的执行效果一直不好。为此,绝大多数单位都出台了不出操一次扣五元或十元的惩罚措失。但郭任远则反其道而行之,他制定的考核制度是出操一次奖励五元。尽管从总数上看,实行两种制度对员工收入的影响基本是一样的(因为奖惩的资金都出自原本属于员工的效益工资,奖励五元和扣罚五元对员工总的收入影响效果相同,少奖励的实际上就是扣罚的),但给人们的心理感觉不同。首先从心态上讲,人们普遍喜欢奖励,讨厌惩罚,一

第4章
领导血型分布规律及岗位适应性评价

说奖励就高兴，一说扣钱就不痛快。再者制度设计得非常巧妙，尽管执行成本是一样的，但换一种形式或说法让人感觉非常有人情味，而且不仔细掂量的话，还以为是占了便宜。更重要的是，实施这种考核办法避免了员工因对扣罚不满而产生的"敌对情绪""埋怨心理"，即使因偶尔不做操拿不到奖励的也会自认理亏而无所怨言。这样一来，就保证了员工能有一个好的心情而不是满腹怨气地去工作，安全风险和质量风险都会大大降低。此项制度实行了一段时间之后，动力公司的员工都自觉地养成了主动做早操的习惯，出勤率也远比实行惩罚式管理的单位高得多。**在实行惩罚式管理的单位，一开始员工的出勤率很高，但时间不长就出现了反复。因为在充满人情味和讲求关系的国企，制度的执行总是被人情和关系掣肘，导致最终坚持下来做操的大部分是没关系或不爱投机取巧的"老实人"。**

B型领导郭任远在制度方面的创新和做法，为国企解决制度执行难的问题提供了一种全新的思路。但由于以严厉著称的AB型老总并不太喜欢采取奖励为主的方式推行制度，加之懒散拖沓的制度管理部门不能及时总结分公司先进的管理理念和做法，所以这种制度始终没有在W集团推广开来。

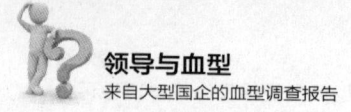

领导与血型
来自大型国企的血型调查报告

　　能干的不如会干的，虽然O型人管理严厉，但由于不懂方法，往往导致事与愿违。B型人在管理上比较宽容，不喜人际管理搞得紧张，懂得换个角度看问题，善于正面引导，有时会收到意想不到的效果。

　　　　机械加工分厂的高志远和包装分公司的王易明是另外一种类型的B型领导。他们在性格上更细腻，作风上更讲究，管理上更周密，具有一定的A型人倾向，我们不妨称之为A型化的B型人。与前两位B型领导相比，高志远和王易明更加注重管理的表面效果和制度执行的形式。在这两位B型领导看来，形式也是很重要的，用他们的话说就是"形式多了就是内容"。出于这样的理念，两位B型领导在制度建设上面面俱到，严谨且周密，而且制度执行时也比较严格，奖罚结果都要定期公布；加上B型人又是比较爱整洁和要面子的，所

第4章
领导血型分布规律及岗位适应性评价

以二位领导几乎无一例外地都看重现场管理这一国企管理中的薄弱环节，而且在这方面的确做得不错，至少作业现场在表面上给人以整洁干净的印象。

但他们的不足之处在于，在制度建设方面重点不够突出，过于追求表面效果，不能以人为本进行制度设计和奖惩管理。所以制度建设在"表面上"小有成效的同时，也暗藏着不少深层次的危机。突出的表现为，员工对"为制度而制度"的做法普遍不满，认为制度有些强人所难和过于苛刻。员工在实际工作中常常阳奉阴违，暗地里与制度较劲。比如，在几次现场管理大检查中，检查人员不止一次地在产品包装箱内或工厂死角处发现大量的烟头，这与B型领导标榜的无烟工厂形成了具有讽刺意味的对照。此外，与典型的B型性格相比，A型化的B型领导比起典型的B型性格领导或O型化的B型性格领导更加"小家子气"，在工资分配方面比较"手紧"，也让员工不满。所以，尽管在各项检查评比中他们管理的公司屡获殊荣，但基层员工暗地里的抱怨声却不绝于耳。这种不满的情绪被带到工作中，必然会对安全生产和产品质量造成一定的隐患。

我所在的策划部的领导也是B型人。他具有B型人难以克服的懒散拖沓天性，并把它作为一种工作方式。**在很多时候，由于AB型老总的决策是反复无常的，所以B型领导的懒散拖沓反倒可以静观其变，省得做一些费力不讨好的无用功。**但他的这种作风对部门人员产生了不良的示范效应，下属们也有样学样，整个部门懒散拖沓的习气浓厚，严重影响了部门工作效率。

当B型领导接到一项新工作时,对于如何做,他通常在脑海里只有一个大概的轮廓。吩咐工作时,他会把这种轮廓性的思路用含糊的语言告诉下属。如果下属完全按他的意思做了,他会说下属没有创新;如果下属完全不按他的意思做,他又会说下属没听懂他的意思。

此外"常有理"也是我们B型领导的一个毛病。所谓"常有理",就是即使犯了错误也容不得别人指正,而且B型领导总能找出一大堆理由为自己的错误开脱。"常有理"倾向与B型人爱面子的特点有关,同时也是他们刻意维持心理平衡感的反应。比如,年初编制的工作总结,我是用单面打印的,B型领导却偏说单面不如双面好看。其实在页数不多的情况下单面打印反而显得更厚重些,他之所以反对可能是觉得这样有点浪费,而并非单面打印就不好看。"常有理"的倾向表现在工作沟通中就是好抬杠，B型领导不仅和自己人抬杠，也常和别的部门领导抬杠。**常有理还表现在正反都有理，B型领导在对下属的工作要求上就有这种倾向**。比如，你若严格按他的指示去工作，他会说你没有创新；反之，你若在工作上有所创新，他又会说你没有理解他的意思。总之，他总是对的，员工总是错的。时间长了，大家都形成了唯唯诺诺的工作习惯，宁愿完全按照他的指示去做，也不敢在工作中有自己的主张。

在制度建设上，我的B型领导也喜欢把简单的事情搞复杂。有时一个制度就能解决问题，他非要分解成几个制度。当然，**能把简单的事情搞复杂，也就能把复杂的事情搞简单。从性格角度讲，大多数B型人都有简化倾向**。比如中国的汉字发展到今天，就是漫长历史时期里不断简化（B型化）的结果。但如果不该简化的事情上也简化却会适得其反。

前些年W集团的AB型老总让策划部进行流程表格设计，B型领导就跨越了一个重要的环节——召集流程表格的责任单位开动员大会，并在大会上开展讨论并达成一定的共识，而是直接以部门文件（分量不够）的形式通知各职能部门进行流程表格的梳理和设计。由于头没有开好，致使以后的工作非常被动，不是各部门不重视就是形式上五花八门，我们部门的人只能头痛医头、脚痛医脚，根据发现的问题又接连下发了三个通知才勉强将流程表格设计工作导入正轨。但"麻袋上绣花——底子差"，先天不足已经留下了不少后遗症，尽管后来费了很大功夫进行修正，但仍旧达不到理想的效果。

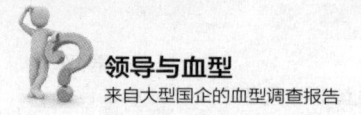

领导与血型
来自大型国企的血型调查报告

B型领导还有一个特点就是"关注形式多于内容",这与B型人由表及里地认识事物的逻辑密切相关。比如对于工作本身的评价,我的B型领导首先关注的是工作形式如何,其次才考虑工作的内容和效果。以每年制定的责任书为例,B型领导首先看格式如何,是用宋体还是楷体,是用全角还是半角,是用逗号还是顿号,是用单倍行距还是固定值26……这些都是让他煞费苦心的事情。由于把大量的精力用于形式的考量上,在内容方面就关注得相对不够了,以致于很多低级错误出现在责任书当中。

跟B型领导干活累,还有一个原因就是他布置工作后不适时检点指正,直到工作接近尾声时才认真审查,发现问题就得重新返工。这种事后诸葛亮的工作方式让人很痛苦。这既与B型领导自身的工作能力有关,也与B型人"摸着石头过河"、走一步看一步的思维方式有关。事实上,他们在工作之前本身脑海里就没有一个蓝图,因此布置工作时常爱含糊其辞,只有下属把工作按自己的理解做得快差不多了,他们才能在此基础上构建起自己的想法,整理出自己的思路。如果对下属的工作不称心,他们就会让其推倒重来。

会忽悠是B型人能说会道而又灵活善变的必然产物。在忽悠能力方面,我的B型领导可谓电线杆上挂暖壶——高水平!B型领导忽悠能力之强主要体现在:他们能够"无中生有,有生万物",可在现有经不起推敲的材料的基础上,夸大其词,举一反三,直让人心服、口服外加佩服。

注重人情关系也是B型领导的一个显著特征。我们部门掌握着全公司绩效考核大权,但因B型领导受制于他多年编制的"人情网",所以难以严格、公正地进行考核奖惩。因为不想得罪

第4章 领导血型分布规律及岗位适应性评价

人,所以考核工作带有严重的和稀泥成分,扣罚和奖励都缺乏力度,实际上也流于了形式。直到现在W集团也没有彻底打破吃大锅饭的状态,尤其是在无法进行量化考核的部门,这种情况更为严重。这与我部门考核工作不力有直接关系。

上边所说的是B型领导的一些问题和缺点主要是针对管理工作而言的,并不否让他们也有优点和其他可以学习的地方。"不要怕白做,世界上没有白做的事情!"这是我的B型领导曾不止一次教诲我们的话,而我通过这么多年国企的历练也对这句话有了深刻的领悟,并能调整心态更加自信坦然地面对人生中的各种挑战。

综上所述,我们可以发现,B型人在特定环境下也是能胜任管理工作的。**这个特定环境就是:所管理的单位必须具有相对的独立性,自成一家,能够充分发挥B型管理者的自主性、创造性和以厂为家的主人翁意识。就国企而言,B型人最适合在规模中等的二级生产单位作领导**。另外,管理的层级和幅度都应该比较多和大,因为这能客观上促使追求面面俱到但又没有重点倾向的B型领导采用分权、授权的方式进行管理,以有效调动起下级的积极性、主动性和创造性,开创管理工作的新局面。

总的看来,比起在协作性很强的职能部门,不愿受束缚且独立性很强的B型人更适合在比较自主、独立和自成一体的生产单位搞管理工作。比较上述优秀的B型领导在管理工作中的表现,我们也会发现他们的领导作风和管理特点有更多的一致性或相似性:

第一,与B型人权力欲望不强的特点相适应,B型领导普遍作风比较民主,在管理过程中经常采用授权管理的方式实现责权利下放,从而充分调动下属工作的积极性、主动性和创造性。

第二，与B型人普遍要面子、好整洁的特点相适应，B型领导无一例外地注重公司的形象建设，注重现场管理工作，而且在这方面搞得井井有条、可圈可点。

第三，与B型人做事中庸、不走极端、有分寸的特点相适应，B型领导普遍注重生产过程中的节约和修旧利废，尤其在独立核算、自主经营的单位，生产浪费现象相对较少。

第四，与B型人情绪多变、变化无常和好虚张声势的特点相适应，B型领导在平等待人、与人为善的同时，尚能够保持作为领导应有的权威和影响力。

第五，与B型人头脑灵活、足智多谋和心态积极乐观的特点相适应，B型领导在组织生产经营时善于横向协调，同时能考虑和平衡诸多方面的因素，能够在诸多条件不具备的情况下，迎难而上，并创造性地完成工作任务。

当然，任何事物都是一分为二的，虽然B型人比较胜任自主性和独立性很强的管理工作，但受B型性格弱点的影响，他们在管理工作中依然存在许多问题和不足，表现在：

第一，由于B型人具有无差别待人待物的倾向，所以在制度建设和管理工作中，常常表现得没有重点或抓不住重点。在别人看来不重要的事情，在他们眼里也许不能等闲视之；在他人眼里很重要的事情，他们有时却表现得不以为然甚至不屑一顾。为此，他们常常因小失大，做一些得不偿失的事情。

第二，由于B型人懒散、拖沓、善于灵活变通或者说过于注重人情世故，所以B型领导在制度建设上虽然面面俱到，但执行时往往虎头蛇尾、一阵风，难以持久和保持一贯性。这与B型领导不能率先垂范，经常带头不遵守制度有很大关系。

第三，由于B型人我行我素、不善协作，所以B型领导虽然在管理本单位时能协调和平衡关系，但在处理与其他部门的协作关系时往往推诿扯皮，不够合作。

第四，由于B型人要面子、重形式、爱讲究、好整洁，所以B型领导在管理工作中常过多关注制度形式上的执行效果，而对制度本身是否人性化、是否让员工心悦诚服等考量不够。另外B型人干脆、痛快、图省事的一面也很容易在奖惩制度设计上简单化和"一刀切"。

第五，由于B型人不喜欢得罪人，故在被问及事故责任归属时常会保持沉默，从不举证和揭发事实上他们心知肚明的责任单位。

第六，B型人最可能成为余世维讲的"滥好人"和人们常说的"老好人"。

"滥好人"是指没有原则、爱和稀泥、通融迁就、谁也不愿得罪的人。从血型的角度考量，B型性格似乎与"滥好人"的特征有更多的相似之处。这从我在W集团多年的观察和研究中得到了进一步的证明。

> 我的B型领导就是一个典型的"滥好人"，他在考核工作中对与他称兄道弟的人给足面子，能不扣的尽量不扣，能少扣的尽量少扣，竭力避免冲突和矛盾激化。他主管考核工作六年来，几乎没有发生一起因"考核不公"导致的"上访事件"。由于B型领导不愿得罪人，所以其领导的考核工作流于形式，更多的是象征性的处罚。如果有单位不满或来说情，经常是大事化小、小事化了，当然不会引起被考核单位

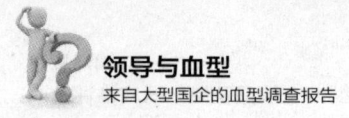

的不满了。

"滥好人"还有一种表现形式,就是经常在自己工作没有做好的情况下,就接手或主动帮助其他部门工作,形象地讲就是爱干"外国活"。我的B型领导常干这样的事情,以至于下属总是埋怨他"种别人的地,荒了自己的田"。为什么B型领导总爱"助人为乐"呢?除了B型人性格中好帮忙的天性使然,也与他们注重人情关系并能够从中获益匪浅有关。因为,当他们在工作中帮助别人后,别人必然在官场上更加支持他们。我的B型领导能够第一时间把握老总的行踪和心态,并采取相应的应对策略,与他平时在工作中乐于助人密不可分,因为许多人都自然地充当了他的眼线。

见人熟,乐于助人是B型人的一大天性,也是其拓展人脉、积累人气、博得好人缘的一贯做法。很多B型领导都有这样一个毛病:将自己单位的事情先放下,先紧着其他单位的事情做。结果落了个好名声,自己单位的工作却耽误了。

第4章
领导血型分布规律及岗位适应性评价

总之，对于企业中的"滥好人"来说，不犯错误比干出成绩更加重要。

"滥好人"更多的是B型人，那么"老好人"更多的是什么血型的人呢？据我的观察和感受，应该非A型人莫属了。

从性格上讲，A型人腼腆，退让，与人和善，不爱与人争执，完全具备了"老好人"的一些特点。在表现形式上，"老好人"与"滥好人"有很多相似之处，如不爱得罪人、息事宁人等。但从性格本源及意识倾向上，"老好人"与"滥好人"又有着根本的不同。"老好人"不爱得罪人、息事宁人是因其不爱争执，凡事退让隐忍，其意识倾向是为了自我保护的需要，带有比较消极防守的色彩；"滥好人"不爱得罪人、息事宁人，则是出于要面子及宽容豁达的性格，其意识倾向是为了维系人情关系，进而获取更多的人气支持，带有一定的积极和中庸色彩。另外，"老好人"的"好"不是无原则的，而是有一定底线和善恶标准的；而"滥好人"的"滥"则是无原则的，几乎没有什么底线和善恶标准。"老好人"一般不爱主动帮助人，遇到自己不情愿的事情会做得很勉强；"滥好人"一般乐于助人，即使不情愿也能表现出乐意的样子。"老好人"这些特点决定了他们朋友不如"滥好人"多，而且也多为同一品性的人，不像"滥好人"那样什么样的朋友都有。

领导与血型
来自大型国企的血型调查报告

第 5 节　一位A型领导的仕途止步

"认死理，钻牛角，不会来事"是A型人性格上的一个弱点。在工作中如果一味认死理、钻牛角、不会来事，最终只能自毁长城，官场失意。

"不会来事，不爱做表面文章"，在A型性格主导的社会中也许算不上缺点，但在中国这样B型化主导的、更加注重表面形象的社会里却可能被领导忽略，甚至会引发领导的不满。

最近几年，尽管生产任务非常紧张，但出于维系企业形象的需要，W集团AB型老总仍旧要求公司上下开展广播操运动。一个牵强附会的理由是员工在生产任务大的情况下，更需要锻炼身体。但实际情况是，在没有节假日的连续作战情况下，人们已经极度疲劳，对他们来说充足的睡眠比做操更重要。而且，居然要提前一刻钟占据员工休息时间来做操，这是最让人无法接受的。所以，广播操推行之初就遇到了很大的阻力。

为了让广播操运动有效开展，公司专门成立了检查组，隔三差五对各单位的广播操情况进行检查，并对执行不力的单位进行严厉处罚。经过一段时期的整顿之后，广播操面貌有了一定的改观。但由于检查时不能面面俱到，因此仍旧留有很多投机空间，很多人包括领导在内都是一有机会就放松对自己的要求。

第4章
领导血型分布规律及岗位适应性评价

在不"认真"做操的人中,A型人占有很大的比例。这是因为A型人有一个特点,就是你在理论上说服不了他或是他在理论上认为是正确的时,往往就会坚持他们自认为正确的做法,从而表现出让常人意外的"我行我素"。

AB型人既有A型人注重细节的一面,又有B型人爱横向联系的倾向,这使他们总是喜欢通过细节来想当然地判断一个人其他方面的能力。在AB型老总看来,一个连操都做不好的人,是肯定带不好队伍的。但这用在A型人身上常常会走偏,因为A型人仅仅把做操理解成放松身心的活动,所以才随意自然,与B型人的天性懒散截然不同。

W集团研究所原来的主任就是A型人,他对广播操因为从理解和认识上不能接受,所以不愿去执行(思想上想不通就很难付诸行动是A型人的一个典型特点)。而且,在A型

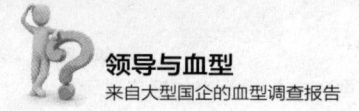

领导与血型
来自大型国企的血型调查报告

人看来,广播操既然是出于放松身体的目的,也就没有必要刻板地追求标准,能活动开手脚就成了,所以他们在做操时往往比较随意。但问题是,哪怕有检查组或老总在场,不会来事、不爱做假的A型领导也与往常表现无异。有一次,AB型老总来研究所视察广播操情况,而且就站在A型领导身后。可A型领导的表现比平时并无不同,跳跃运动时仍然没跳起来。这让站在他身后的AB型老总大为光火,没过多久就撤换掉了他。

在A型领导看来,广播操能把身体活动开就行了,没有必要高标准、严要求地一板一眼地做;但在AB型老总眼里,这可不仅是个形象问题,他可能因此认为(受B型人普遍联系特点的影响):连做操都不认真的人,工作一定也搞不好。

第6节　某O型领导官场沉浮记

　　W集团机车公司的副总鲁得志是一位典型的O型领导。他最初只是W集团下属中学的一位数学老师，由于与老总是老乡关系，30多岁就被提拔为轮毂分厂厂长。不过此人的确很有能力，在他接管轮毂公司一年多时间里，一个濒临亏损的分厂就再次焕发了生机。因业绩突出，不到两年他又被提拔为机车公司副总。可好景不长，他就触怒了AB型老总，又被"流放"到原来的中学任书记一职。在如日中天之时突然翻船，让大家都颇感意外，可仔细分析，又在情理之中。**现在看来，鲁得志副总的官场遭遇与其张扬、好胜的性格，处事高调的作风不无关系，他的遭遇印证了中国的一句古训：出墙的椽子——先烂！**

　　早在中学工作的几年中，鲁得志就流露出豪爽、好胜的一面。在被提拔为轮毂分厂领导之后，唯我独尊、骄傲自大、爱炫耀、讲哥们义气、好大喜功、自吹自擂、得理不饶人等典型O型人性格特点彰显无遗，逐渐成为公司上下引人注目的人物。但由于他的经营能力的确很强，所以AB型老总并没有太在意他的一些不好方面，甚至某种程度上还欣赏这类带有江湖气息的领导。

　　等升任机车公司副总之后，随着权力的日益膨胀，羽翼丰满的O型领导鲁得志更加目空一切。据说，在其老母病逝时，前去吊唁

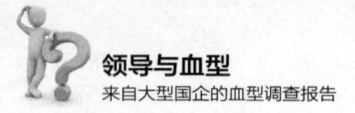

的人上千,光中层以上领导就去了150多人,即便是与他平日不对付而且往来甚少的领导,也因担心惹恼这个人物而前往走礼。这使这个平日就备受争议的人物再次成为被关注的焦点,一时间舆论哗然。

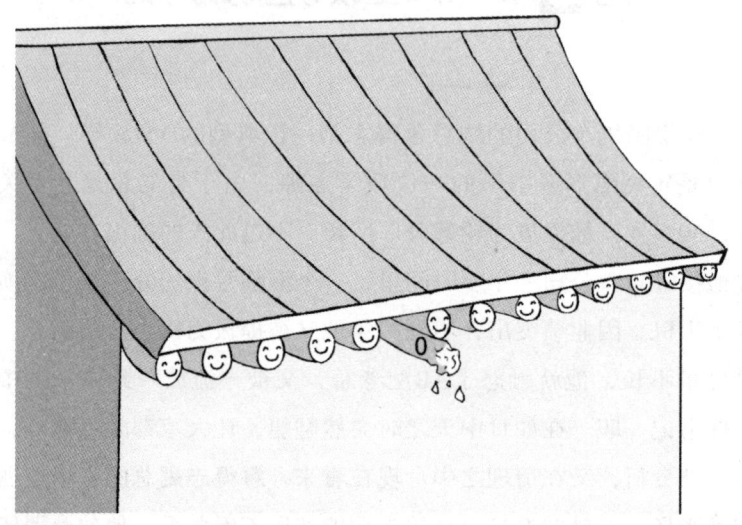

出墙的椽子——先烂!在中国社会如此,在典型的中国社会缩影的国企,更是如此。不少棱角分明、冲动鲁莽、乐于表现、争强好胜的O型人都不幸成为出墙的椽子,成为他人引以为戒的反面教材。

"木秀于林,风必摧之;人出于众,众必非之。"虽然在当今社会见怪不怪的"礼尚往来"并不是O型领导"失宠"的主要原因,但也在一定程度上预示了他必将翻船的命运。正所谓"人言可畏",当你成为人们关注和批判的中心时,你的一举一动都会引发人的留意。好事不出门,坏事传千里,何况作为O型人的鲁得志冲动易怒,经常因为小事大发雷霆,不只让下属

第4章
领导血型分布规律及岗位适应性评价

们诚惶诚恐，同级领导也对此心有余悸。虽然很多时候他发火是对事不对人，但受其斥责的人总归心里不舒服，人民内部矛盾一味激化也能发展为敌我矛盾。人际关系上的紧张，工作交流上的粗暴，无疑让他得罪了不少人。这些人平日里也许对他毕恭毕敬，但一有机会就可能给他"背后一刀"。O型人直来直去，肚子里藏不住事儿，目空一切，敢说敢干，口无遮拦，所以当他把有损于老总声誉的谣言到处乱说后，最终惹怒了老总，在又一轮干部调整时被解除了职位，重返原职闭门思过。

受此打击的鲁得志跌至人生的低谷，一度对前途绝望。不过对于"不撞南墙不回头"的O型人而言，这样的挫折倒是一笔宝贵的财富。痛定思痛后他开始反省自己，整个人明显变得沉稳内敛了很多。年富力强、能力出众的他是不会就此垮掉的，而且或许所有人——包括鲁得志——都没有想到，AB型老总本就是一个反复无常的人，一怒之下的决定某一天居然会收回，再次提拔他担任电器设备厂的厂长。

重登高位的鲁得志的管理风格由此发生了很大的改变，动辄发火的情况少了，对下属的错误和过失也宽容了许多；不再独裁专断，凡事总和副职、书记商量，并注意聆听员工的心声，群策群力地借用团队力量来解决各种问题。副职和员工的积极性被调动了起来，电器设备厂的经营状况和生产状况大大改善，原本效益平平，在鲁得志的带领下很快步入了繁荣发展的轨道，员工收入连续两年都在子公司、分厂等同级单位中名列前茅。

O型人一般棱角分明，甚至锋芒毕露，很容易在国企这样提倡中庸的环境中成为出墙的椽子受人关注。对O型领导来说，不论是说话还是办事都要注意分寸，一旦分寸把握不好，说错了话

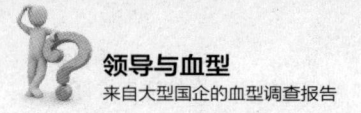

领导与血型
来自大型国企的血型调查报告

或办砸了事,就可能成为众矢之的,甚至可能因此翻船落马。O型领导要想在官场上地位稳健,就应像A型领导一样低调做人,像B型领导那样中庸处事,同时也该学习AB型领导与任何人都保持一定距离的做法。

第4章
领导血型分布规律及岗位适应性评价

第 7 节　秘书、技术骨干、劳模的血型性格适应性

哪种血型的人适合做秘书？技术骨干、劳模中哪种血型的人最多？

从理论上讲，善于交际应酬、面面俱到、处世灵活的B型人，应该更加胜任秘书（主要指行政秘书）的岗位。从目前的统计数据来看，W集团秘书中，B型人的确占到了总数的近40%。当然，其他血型的秘书也不少，但就其岗位适应性而言，大多不及B型秘书游刃有余、富有效率。A型的秘书我也接触过不少，但大多拘谨内敛、社交公关能力差，只适合做让领导放心的管家婆。O型人中做秘书的少之又少，而且时常在竞聘上岗中被淘汰出局。

B型秘书给人的感觉是比较活跃，人脉网发达，态度和蔼，善于察言观色，能说会写，考虑问题周全，善于抓住机会，并能巧妙处理工作中的难题。另外，她们的工作效率非常高，能够同时处理几件事情而不出纰漏。由于原则性不强且顾及人情，她们对于领导的一些"行为"能睁一只眼闭一只眼，因此，更容易得到领导的赏识和器重。我所在的策划部的秘书就是B型人，她从事这一岗位已达八年之久，虽然早已到了内退的年龄，但仍然被委以重任，丝毫看不到被冷落的迹象。

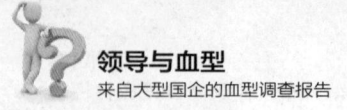

聪敏的B型人不仅是多面手，而且擅长同时做几件事情，且能面面俱到，不会顾此失彼。因为有这样的特长，所以她们做秘书非常有优势，大多数是领导身边备受宠信的好助手。

当然，B型秘书也有让人讨厌和反感的地方，比如爱虚张声势、拿鸡毛作令箭、投机取巧、懒散拖沓、缺乏立场、左右逢迎、爱走捷径、爱和稀泥、假公济私等。不过，在国企这一注重人情和关系的大环境中，也许唯有如此才能更好地适应工作的要求，而且这些不足并不能够否认她们成为一流秘书的可能性。

关于技术骨干及劳模的血型分布，我起初的判断出现了巨大的偏差。这源于我对B型人性格的片面性理解，并由此导致了错误的认识。在我看来，B型人有浅尝辄止、不求甚解、见异思迁、三心二意的倾向，因此很难成为技术骨干人才。但我忽视了一个重要前提，那就是职业或专业本身对人的影响。**如果B型人**

第4章
领导血型分布规律及岗位适应性评价

确实对技术感兴趣并选择了技术专业，那么专业本身就会对B型人的散漫性形成有效制约，迫使他们集中更多的注意力专注研究技术问题。一旦B型人能够集中精力、专心致志地搞研究，他们就很容易在技术领域做出令人刮目相看的成就。另外，在对技术骨干的血型评估中，我还忽视了B型人脑瓜聪明、足智多谋、善于多角度思维的能力。而且B型人感觉敏锐，能够从整体上感受事物，这使他们更善于发现问题的症结所在，而且经常能通过简单巧妙的办法给予解决。O型人虽然专业能力很强，但专业能力的范围比较狭隘，形象地说就是"铁路警察各管一段"，对于产品的具体问题能够识别并提出有效的解决方案，但对于隐藏于产品中的系统性问题往往一筹莫展。我在对W集团产品研究所十位高级工程师和设计师的血型调查中也印证了这一点。他们当中只有一名是O型人，其他不是B型人就是A型人，还有个别是AB型人。另外，从技术部及生产经营单位技术骨干人才的血型抽样调查看，B型人也占有很大的优势。

B型人懒散拖沓、动手能力差的一面，使我很难想象他们在劳模当中也会占有一席之地。但事实是，在对W集团历年劳模名单的血型调研中，我发现B型劳模不乏其人，甚至超出了B型群体所占企业职工的比例。这又是什么原因呢？

原来，我同样忽视了一个理论前提，即国有企业环境。在注重人情和关系的国有企业里，会来事和注重人情往来的B型人无疑具有一定的优势。这从个别B型劳模连续十几年榜上有名可见一斑。当然，B型人成为劳模并非完全靠人情和关系，会干加巧干也是他们成为劳模的重要因素。他们在工作中点子多，干活麻利，时常跨越工序，加工一些虽粗糙但基本能满足质量要求的产

领导与血型
来自大型国企的血型调查报告

品。这样在同样的时间内,他们就能创造出更多的产值,至少要比干活循规蹈矩、注重细节的A型人劳动生产率高得多。A型人一般通过勤能补拙提升产值,多因注重产品质量成为劳模。O型人虽然干活也快,但手感较差,做工粗糙,所以废品率比较高;另外生产中大手大脚,材料浪费较多,所以他们更多是通过延长劳动时间创造更多产值来赢得劳模的称号。能够和B型人有一比的就是AB型人了,他们干活的特点是"又快又好",失误较少,能够同时保证数量和质量,因此他们当中成为劳模的更是比比皆是。

总的看来,在劳模的血型分布上,各种血型的差异性不是很大,但仔细分析就会发现,他们成为劳模的原因不尽相同。**B型人更多是通过"会干"成为劳模,A型人更多是通过"干好"成为劳模,O型人更多是通过"苦干"成为劳模,AB型人更多是通过"会干加干好"成为劳模**。不过,在计件工资盛行的W集团,进度是考核的第一要求,所以A型人成为劳模的可能性无疑是最小的。

第5章

职能部门领导及员工的血型职业适应性

本章通过调查W集团13个部门的领导和员工的血型构成及搭配，论述了不同血型的人与其岗位的匹配性和适应性，并就各部门领导和员工的血型调整提出了自己的建议，有助于企业管理水平的进一步提升。

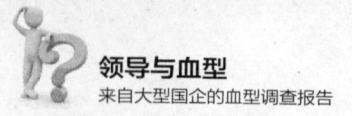

领导与血型
来自大型国企的血型调查报告

第 1 节　发展计划部

> 正职领导：O型
> 副职领导：两副职中有一个是O型
> 员工群体：AB型和O型比例偏大

发展计划部共有员工计24人，血型分布为8O，7B，5A，4AB。

发展计划部是W集团规划与经营管理的职能部门，主要负责公司的战略研究、规划计划、军品营销、项目管理、资产管理、综合统计等管理工作。

单就计划及战略研究职能而言，O型领导具有一定的适应性，如O型人逻辑性强、目的性强。但他们在理论研究方面缺乏弹性，思维比较僵化，所以常常会导致计划赶不上变化；同时，O型人考虑问题较简单，综合分析能力较弱，很难准确把握市场大环境和公司发展趋势，因此在战略研究方面略显笨拙，很难在理论上为领导层提供有力的决策支持。

但这些并不妨碍O型领导成为该部门合格的领导者，因为他们在领导能力上要略胜一筹。这种领导能力不仅体现在其雷厉风行、不拘小节的人格魅力上，而且表现在其能够分清工作中的轻

第5章
职能部门领导及员工的血型职业适应性

重缓急,做事抓重点,通过重点突破、以点带面来卓有成效地开展工作上。另外,O型人为人坦诚,知人善任,能够群策群力。比如,计划部的项目管理完全是由项目科的人独立自主、独当一面,O型领导很少干预、插手。将专业的工作交给专业的人来做,可更好地发挥下属的作用。

另外,该部门成员的血型构成上AB型偏多。AB型人尽管战略和眼光略逊于A型人,但他们严谨、高效的工作风格,毫无纰漏的文字能力,至少可以迎合上级机关审查的要求,并获得AB型老总的赏识和器重。调查发现,计划部的汇报材料大多数出自AB型人和B型人之手。

计划部还承担着项目管理的职能,这使得大量目的性很强的O型人有了用武之地。因为项目管理本质上就是目标管理,这对目的性强甚至不达目的决不罢休的O型人来说再适应不过了。另外,项目管理专业性很强,这又符合了O型人专业能力强的特点;而O型人优秀的实践和动手能力,进一步强化了他们在项目管理方面的优势。统计标明,项目管理科成员最多的就是O型人,其次是A型人和AB型人。**由于O型人在行为方式上有抓重点的倾向,这使得他们在项目管理中更善于把握关键环节,而不必面面俱到、事必躬亲,从而在工作中显得轻车熟路、手到擒来,往往发展成为项目管理的行家里手。**

军品营销虽然不比民品营销难度大,但仍旧对交际能力有一定的要求。在交际及处理复杂业务关系方面,善于言辞、思维敏捷、考虑问题周到的B型人无疑更具优势。实际的岗位配置也是如此。一位B型的业务员从事军品营销达十年之久,至今尚具有不可替代的优势。她的新搭档是一位AB型大学生,在交际能力

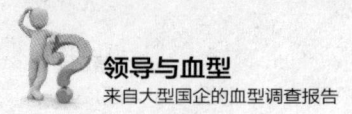

领导与血型
来自大型国企的血型调查报告

上差一些，但工作严谨，善于发现问题，很大程度上弥补了有时粗心大意的B型师傅的不足。

资产管理是最近才划拨计划部的一项新职能，对于计划部领导和员工来说都是薄弱环节。而O型人做事抓重点的倾向让这项职能被进一步弱化。因为在他看来，资产管理比较虚，而且涉及的相关部门较多，交叉管理严重，因此不在他主抓范围之内。

总的看来，O型领导和他的下属员工，基本能适应他们所从事的工作。

第2节　人力资源部

> 正职领导：B型
> 副职领导：一O型，一AB型
> 员工群体：B型和O型比例偏大

人力资源部共有员工计17人，血型分布为9B，5O，1A，2AB。

人力资源部是公司人事和劳动管理的职能部门，主要负责人才招聘、培训、定额管理、岗位设计及人员配置、薪酬设计以及员工社会保险、福利工作。

在注重人情关系的国企，B型人在绝大多数部门都不具有劣势，而且万金油般的业务技能也使他们能够从容应对各种岗位的工作。但相对而言，B型人善于交际、注重人情、善于策划、应变能力强的特点，使他们更适合在人力资源部、公关部或营销部这些经常与人打交道和处理复杂人事关系的部门工作。现有的血型统计也充分印证了这一点。在人力资源部，B型人所占比例甚至达到了40%，远远超出了B型员工在W集团全部员工中的比例。

由于改制后的国企，人事劳动管理内容并未有实质性的转

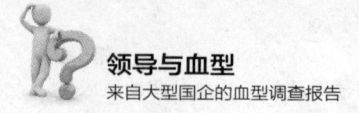

变,仍旧侧重于人员调配和劳动定额管理,故决定了人事管理依然是很有"油水"的工作。很多人对人力资源部趋之若鹜,在同等条件下,注重人情往来、擅长交际的B型人显然更容易进入这样的部门。这也是人力资源部B型人比例居高不下的一个原因。

该部门领导层血型分布较合理。B型正职富有谋略,做事面面俱到,且宏观驾驭和平衡能力较强,因此能够有效地开展部门工作;O型副职意志坚强,做事循规蹈矩,具有很强的执行力,能够将B型正职的决策在日常工作中有效地贯彻下去;而AB型副职头脑聪明,客观理性,处事冷静,作风严谨,能够及时发现问题并提出富有建设性的意见。同时,作为副职的O型人和AB型人在思维方式和性格上差距较大,难以携手对抗一把手,这在一定程度上维护了B型一把手的权威及安全感。

另外,管理干部中B型人也占了50%以上,主要分布在定额科、保险科、员工科、招聘科。总的来说,B型人在这些岗位上都能够胜任。O型人虽然在人数上占第二位,但只有一人是职称科的科长,其他均从事较为低级的文秘或跑腿的工作。AB型人虽然最少,但集中分布在薪酬科,这在一定程度上弥补了B型人过多可能顾及人情导致考核走形式的缺憾。因为AB型人工作严谨、细致,作风正派,原则性强,在可能得罪人的绩效考核中能够做到公平合理,让人无话可说。

在B型人主导的部门中,A型人显然成了弱势群体。在我知道的三个A型人中,只有一个担任科长一职,而且是从事手续性很强的干部调动工作,只是简单地执行领导的决策,开具调单,几乎没有自主权力。

第❸节 公关部

> 正职领导：AB型
> 副职领导：一O型，一B型
> 员工群体：B型人比例偏大

公关部共有员工计20人，血型分布为8B，7O，3AB，2A。

公关部是公关业务管理的职能部门，主要负责领导稿件的撰写，公司内、外部信息的沟通，文件的传阅，业务公关，迎来送往及信访等工作。

在2007年之前，公司公关部正职领导是位A型人。他给我留下的印象是：急性子，脾气不好，爱和人抬杠，看不出有什么过人的能力。当他刚调任公关部主任一职时，我就断言，A型人肯定不能胜任那里的工作，尤其不适合领导和管理B型人为主的员工群体。实践证明，我当时的判断是正确的。

由于在性格上A型领导难以驾驭令他们头疼的B型员工，而B型员工从心理上也对A型领导毫无敬畏感，且很容易把握A型人的心理状态和一举一动，所以在管理博弈中A型领导最终会权威丧尽，失去对部门人员的控制力。A型领导上任不久，整个公关部就呈现出懒散、拖沓、避重就轻、推诿扯皮的工作作风，工作

效率大幅下降，部门职能日益萎缩。三年后，这位A型领导终于被换掉了。

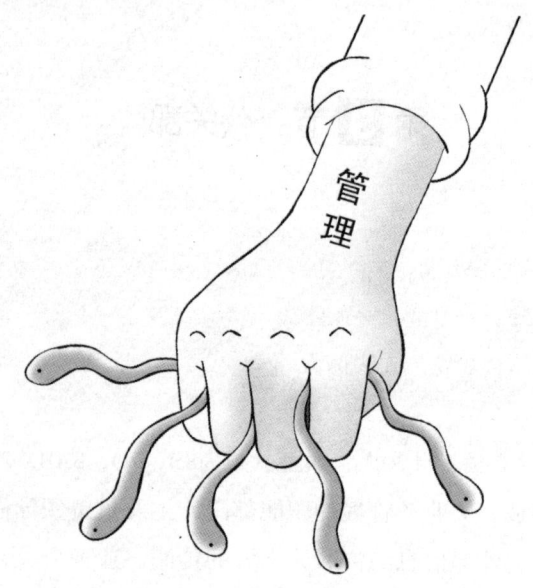

在国企，管理就像抓泥鳅，一些员工，尤其是B型员工，都善于发现制度的漏洞，钻空子，这与他们聪敏、懒散和喜欢投机取巧的性格有关。

接替A型人担任公关部一把手的是AB型人。AB型领导虽然也比较内向，但相对来说，要比A型人更适合迎来送往的工作。同时，作为B型人气质上的强者，AB型领导比较容易把握B型员工的心态，并能采取具有针对性的措施，从而在员工中树立起威信。考虑到部门人员纪律涣散、懒散拖沓的状况，到任不久，AB型领导就出台了更为严格的考核制度。比如在劳动纪律管理上，改变原有的签到模式，实行了指纹打卡，使得公关部迟到、早退的现象大大减少。此外，他还移用了物业公司的"首问责任制",即外来人员来公关部办事,第一个问到谁,谁就得接待、办理,即使不属于其本职工作,也要告知对方该找何人办理。这样一来,就很大程度上改变了公关部以往冷硬横推、拖沓懒散的工作作风。

此外,AB型领导的权力欲不是很强,在管理上懂得合理授权。他在上任之后,把许多重要工作授权给副职领导全权代理,副职领导甚至科长的工作积极性都被激发出来,有力地促进了工作效率的提高。

从工作特点上看,稿件撰写、信息沟通、文件传阅、业务公关、迎来送往的工作,其实非常适合头脑灵活、反应迅速、能说会写、善于交际的B型员工。只要有一个强有力的部门领导和一套严格的管理制度,能够对B型人懒散拖沓、各行其是的缺点有效制衡,他们就能在工作中发挥出性格优势,并创造出令人刮目相看的业绩。

领导与血型
来自大型国企的血型调查报告

第 4 节 生产经营部

> 正职领导：O型
> 副职领导：一O型，一B型
> 员工群体：O型比例偏大

生产经营部共有员工计23人，血型分布为11O，5B，4A，3AB。

生产经营部是W集团负责生产管理的部门，工作范围为经营计划的组织落实、生产与试制计划的编制、生产的组织、调度协调、现场管理、产品管理、外协配套、生产统计等经营管理活动。

说来也怪，生产经营部的一把手连续四届都是O型人。不只是正职领导，在副职领导和部门员工中，也以O型人居多，从目前的统计来看，O型人大概占到36%还多。如果血型和职业适应性没有关系，我们不会看到如此众多的O型人集中于生产经营部。可见，O型人性格中有很多与生产经营工作要求相符合的地方。

众所周知，搞生产管理是非常辛苦的工作，脑力消耗和体力消耗都非常大，经常要在一线盯班生产；而且生产安排上常常与基层单位发生冲突，可以说是得罪人的工作。这就要求生产经

第5章
职能部门领导及员工的血型职业适应性

部门的人必需体质强健、精力充沛、吃苦耐劳,同时有较强的组织能力、实践能力和执行能力,并能够坚持原则,是非问题上不让步、不妥协。而O型人不论体质上还是性格上都能够基本满足上述要求,因此他们比起其他血型的人更适应生产管理工作,并能在生产管理岗位上取得突出的成就。这从W集团中主管生产的两位副总都是O型人可见一斑。

在国企,生产口始终是O型人的天下。这是因为搞生产是非常辛苦的事情,必须有吃苦耐劳的精神;而且干这种工作容易得罪人。但这对于争强好胜、敢说敢干、雷厉风行甚至有些冷酷的O型人来说再适合不过了。此外,他们目的性很强,搞起生产来很专注,而且善于抓重点,能通过重点突破、以点带面来促成生产任务的顺利完成。

当然,任何一个部门都不可能只有一种血型,而且单一血型群体具有的性格缺陷也会给工作带来一些不利影响。比如,O型人原则性强,不轻易通融,表现得较为固执,这可能导致在生产组织中缺乏应变力,难以根据生产的实际情况及时进行动态调

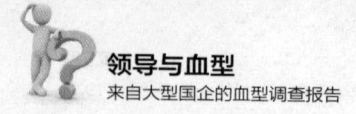
领导与血型
来自大型国企的血型调查报告

整。另一方面，O型人目的性过强，常常过分强调结果而忽视过程，而且待人冷淡，缺乏人情味；这可能导致部门与生产单位之间产生对立情绪，进而影响到生产管理的效果。所以在生产经营部，其他血型的存在也是相当必要的，因为这能在很大程度上弥补单一血型人带来的不利影响，形成工作中的优势互补，从而使部门工作更加高效有序地展开。

由于生产经营部中O型人比例较大，故部门工作呈现出明显的O型性格色彩，如：领导对下属管理严格，经常不留情面地指责，但一般对事不对人，不会造成不可收拾的局面；下属对领导绝对服从，令行禁止，很少有创造性的自我主张；员工组织纪律性强，溜号、串岗情况极少；工作量饱满、工作强度大；考核严格，无法胜任的人员会被及时调离岗位。相对于其他部门，在生产经营部工作不仅压力大，而且十分单调乏味，但从现任的部门领导和员工身上都看不出懈怠和抱怨，看到的只是镇定自若、开朗豁达、积极向上的气质和整日忙碌的身影。

平心而论，W集团的基础管理工作比较薄弱，但由于生产管理部的工作效率很高，所以在生产任务较重的几年里依然能够有条不紊地应对，并创造出一个又一个历史新高。W集团能够取得今日骄人的业绩，以O型人为主的生产经营团队功不可没。

第5章
职能部门领导及员工的血型职业适应性

第5节 财务审计部

> 正职领导：A型
> 副职领导：两O型，一AB型
> 员工群体：B型比例偏大

财务审计部共有员工计40人，血型分布为14B，12O，8A，6AB。

财务审计部是W集团负责财务管理的部门，工作范围为资金管理、成本预算、资产核算、产品价格管理等。

B型人，尤其是B型男性比较适合搞财务工作。**虽然，B型人有粗心大意、丢三落四的一面，但同时还有面面俱到、疏而不漏的一面。如果专门从事一项工作，尤其是像财务管理这样复杂且需要同步思维的工作，他们面面俱到、疏而不漏的优势就会发挥出来。**

而且，从事会计工作的B型人在男女比例上也相对均衡，不像其他血型存在较大职业性别差异。可见，对于会计职业，B型男性能够以平等的眼光看待，并不认为会计是女人的专利，能够欣然接受此类工作。

O型人原则性过强，有一定的教条主义倾向；A型人做事死

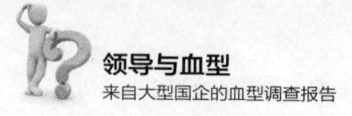

板，缺乏通融性；相比较而言，B型人做事就比较灵活，而且能够统筹兼顾，这使他们更适合带有一定管理性的财务岗位。实际情况是，在许多重要的管理口，担当主管的也确实是B型人居多。

而在需要认真细致的会计核算岗位，A型人的比例明显上升；在操作性更强的出纳岗位，O型人则具有更大的优势。虽然他们也有因大意把假钱看作真钱的时候，但数错钱的情况少之又少。

大多数A型人都没有装钱包的习惯，在生活中显得非常邋遢，这似乎与他们苛求完美的作风不符。实际上这恰恰是他们追求完美的性格的独特表现方式，这种不完美但随性的举动是他们对追求完美导致的紧张情绪的必要调节。

最令人意想不到的是，财务部的一把手居然是A型人。乍看来，A型人似乎并不适合处理复杂的财务业务。试想，一个不带钱包、着装随意甚至邋遢的人，怎么能胜任财务总监一职呢？但对于这位A型领导，还要具体问题具体分析：从其成长历程来看，他原本只是生产单位的一个小小的出纳员，但他不甘落后、勤学好问，通过自学考到了会计师证；后来调入公司财务部工作，由于工作认真负责、做事勤快，很快被领导赏识并委以重任。另外，从性格上看，A型人天真简单，没有心计，诚实可靠，这也是深得作风正派的AB型老总器重的重要原因。

A型领导虽然在业务不很精通，但财务管理并不需要事事亲为，他可以通过授权将复杂的业务交由信得过的下级去打理，只要能把适合的人用到适合的岗位上，A型财务管理者也能做到有条不紊。

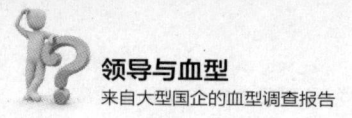

领导与血型
来自大型国企的血型调查报告

第 6 节　企划部

> 正职领导：B型
> 副职领导：一A型
> 员工群体：AB型比例偏大

企划部共有员工计8人，血型分布为3A，2B，2AB，1O。

企划部是W集团负责企业策划和绩效考核的部门，工作范围包括企业策划、绩效考核、管理咨询及培训等。

就企业策划本身而言，头脑聪明，足智多谋的B型领导是完全胜任的。但在国企特殊的环境下，即便是好的策划也难以被有效地执行。这里既有老总个人喜好的原因，也有B型领导本身缺乏执行力的问题。**B型人懒散拖沓，且过于注重人情关系，顾虑过多，导致很多方案最后不了了之。**此外，策划部的领导血型搭配也不太合理，正职是B型，副职是A型，双方有着几乎完全相反的性格、全然不同的思维和行为方式，在策划讨论中经常意见相左，难以达成共识。而且在气质上，A型副职相对于B型正职是弱者，在强势且常有理的B型领导的压制下，A型领导的意见常常得不到重视，可能最终变成一个唯唯诺诺的下属。这样一来，性格上本不倾向于独裁的B型领导，最后可

第5章
职能部门领导及员工的血型职业适应性

能成为事实上的独裁者。一旦B型人具有了独裁倾向，善于博采众长的优势就会丧失。

对于不爱得罪人的B型领导而言，绩效考核是一件令人头疼的事情。在稳定的国企环境中，注重人情关系的B型人朋友很多，常与被考核单位的领导称兄道弟。所以在绩效考核中，碍于人情，他常常通融迁就，最终导致考核流于形式，失去了应有的效应。

在员工血型构成上，A型和AB型人占据主体。他们的共同之处是都善于思考，理论能力强，看问题比较客观，能够策划出比较切合企业实际的制度方案。B型人思维发散，考虑周全，点子多，采纳他们的意见可使方案进一步完善；而且B型人公关交际能力强，能够在一定程度上推动工作顺利展开。O型人客观理性，坚持原则，敢于碰硬，执行力强，有他们存在能够强化部门的权威，保障部门管理层的意志和要求落到实处。

在员工血型构成比较优化的情况下，只要简单调整一下领导血型搭配，将B型领导更换为AB型人，其他成员岗位不变，就能改变目前工作开展无力的状况。

AB型人看问题客观理性，在决策中能够聆听并善于采纳不同的意见，从而可使策划和考核更加科学可行、公平有效。A型副职地位上虽低一级，但AB型正职能够在人格和建议上尊重副职，故有利于领导团队的和谐和决策的效率，为下一步的执行打好基础。在绩效考核上，AB型人追求公正合理且坚持原则，故能在一定程度上摆脱人情关系的掣肘，保证考核的客观公正和考核效力的充分发挥。

领导与血型
来自大型国企的血型调查报告

第 7 节　法律事务部

> 正职领导：B型
> 副职领导：一B型
> 员工群体：O型比例较大

法律事务部共有员工6人，血型分布为3B，2O，1A。

法律事务部的前任老领导就是B型人，现在的继任者仍旧是B型人。从1996年法律顾问室成立至今，该部门的一、二把手一直是B型人，而且员工当中B型人也占有绝对的优势。哪怕后来不少优秀的B型员工升迁或跳槽了，该部门的B型员工比例仍保持在50%左右。血型性格的职业适应性，在法律事务部的人员构成上得到了充分的印证。

B型人能言善辩、足智多谋，而且善于交际，拥有广博的人脉，这使他们在法律工作方面具有无可取代的优势。AB型人虽然在个人能力方面与B型人接近，但他们比较内向，不爱与人争斗，并且有与人保持距离的倾向，所以较少进入律师行业。O型人虽然在智谋上要逊色于其他血型，但在性格上比较争强好胜，有强词夺理的倾向——表现为有理不让人、无理抢三分，能够抓住对方的弱点和漏洞穷追猛打；同时，他们的语

第5章
职能部门领导及员工的血型职业适应性

言能力也比较强,加上强烈的自我肯定意识、擅长记忆各种条文的优势,故也容易在法律界取得成就。**近几年,法律专业毕业生中O型人比例越来越大,就是因为O型人的性格更适合法律工作的缘故**。

事实上,在W集团法律事务部,O型员工比例仅次于B型人,而且多是近几年分配来的大学生。虽然比起资深的B型领导,O型员工在实践经验方面比较匮乏,但在理论水平尤其是对法律法规的熟知程度上优势明显,可以有效弥补现学现卖的B型领导在理论知识储备上的不足,达到工作中的优势互补。而且,O型人实践能力较强,只要领导多给几次锻炼机会,他们就能在很短的时间内进入最佳工作状态。

从气质上看,B型领导相对于他的员工是弱势,因此在实际工作中能够给予O型员工应有的尊重和肯定;作为气质上的强者,O型员工虽然也常对B型领导变化无常的态度和行为颇有微词,但对实战经验丰富、思维敏捷的B型领导还是钦佩有加。而且O型员工的耐受性很好,不会因为B型领导的喜怒无常影响到自身工作的正常开展。

在O型人、B型人优势互补且相互欣赏的法律事务部,少言寡语又爱钻牛角的A型员工显然成了弱势群体,而且他们一直就是B型领导眼中的"异类"。其中,一位A型老员工在几个O型员工分配来之后,其岗位更是名存实亡,每天除了按时拿报纸之外无所事事,最后只好主动"告老还乡"。

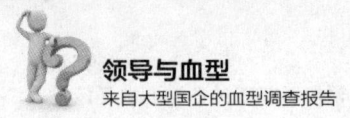

第 8 节 质量部

> 正职领导：A型
> 副职领导：一A型
> 员工群体：O型和A型比例偏大

质量部共有员工计14人，血型分布为6O，5A，2B，1AB。

质量部是W集团产品及工作的质量管理部门，工作范围为质量体系的设计和建设，质量工作的组织、协调、监督和考核工作等。

质量部成立之初，是通过竞聘上岗的形式配置人员的，因此其人员的血型分布能够较好地反映出性格对职业选择的影响。从质量部当时的血型分布来看，O型人和A型人占有绝对的优势，基本上平分秋色。B型人在当时只有一名，没有AB型人。后来随着部门工作量的增大，从其他单位调过来一个AB型人，去年又新进了一个B型人和A型人。但质量部O型人和A型人主导部门工作的格局没有改变。

质量部的主要职能是质量体系文件设计和体系运行的跟踪监控。前者对理论能力要求较高，后者对实践（执行）能力的要求较高。而A型人和O型人正好分别具备上述两种能力。A型人逻辑性强、思维缜密，比较适合体系文件策划和设计工作；O型人原则性强，做事死板，而且在工作中敢于碰硬，遇到问题不妥协、不让步，完全胜任质量现场监控工作。O型人和A型人为主的血型分布，形成了O型人主外、A型人主内的工作格局，实现了质量工作理论和实践的完美统一，保障和促进了部门工作的有效开展。

质量部还有一项重要工作，就是定期接受质量认证机构对公司进行资格认证。这项工作不仅对各类文件资料的准备要求较高，而且接待公关也相当重要。有时为了不影响正常的生产经营秩序，也需要通过公关手段来换取认证方的通融、迁就，把大事化小、小事化了。这时候，B型人灵活善变、善于交际的长处就派上了用场，而且事实上B型员工也经常出现在与外方接洽的场合。当然，AB型人在这个时候也是有益的补充，他们的存在能够进一步保证接洽工作不出纰漏。

前任O型一把手在位时，质量工作更多地停留在出现问题组织整改和对不合格项的处理上；而且管理色彩浓厚，主动服务意识不强，常常是出了问题才开始倒查、补救，使质量管理工作时常陷于被动，制约了产品生产的向前推进。A型领导上台之后，部门工作的主动性、积极性明显提高，质量管理工作开始前伸后延，并向强调主动服务的方向发展。另外，质量体系文件在善于改良的A型领导手里得以进一步修订、完善，使质量运行体系更加科学和符合公司实际，质量管理工作又迈上了一个新台阶。

领导与血型
来自大型国企的血型调查报告

第 9 节 技安部

正职领导：O型
副职领导：B型
员工群体：O型和A型比例偏大

技安部共有员工计16人，血型分布为7O，6A，2B，1AB。

技安部是W集团安全生产管理的职能部门，工作范围为生产过程中的安全检查、监督，安全事故处理，特种设备检测，工程项目安评，环境质量监控工作等。

由于安全管理也是一项非常得罪人的工作，所以大量O型员工的存在就显得相当重要。因为与其他三种血型相比，O型人原则性强且客观理性，工作上对事不对人，不太顾及人情，眼里揉不得沙子，发现问题不回避、不妥协，敢于碰硬。这些特质和作风使他们非常适合安全管理工作，这从技安部O型人最多可以得到有力的印证。

但同时，安全管理工作还需要对危险具有高度敏感性，而且在检查工作中要认真细致，不放过每一个细节。而在这方面，A型员工的存在就显得相当必要。O型人在工作上比较粗心大意，对潜在危险感觉比较迟钝，如果单靠O型人进行安全管

第5章
职能部门领导及员工的血型职业适应性

理,很可能会犯教条主义、经验主义错误。A型人严谨细致、感觉敏锐,能够及时修正O型人在工作中的失误,及早发现安全生产中存在的隐患,在工作中可以和O型人形成强有力的互补,从而有力促进公司安全管理水平不断提高。

不妥协、不让步,是原则性强的O型员工在安全管理上的一贯作风。另外,善于把握重点的特长,也使他们在安全管理上更加有的放矢、得心应手。技安员是一个需要频繁走动、非常辛苦的职业,对于吃苦耐劳的O型员工而言,更具有先天的岗位适应性。

O型人有时过于相信科学技术,这使他们在安全管理中可能过于依赖和迷信安全仪器,而忽视人体自身的感觉倾向。但再先进的仪器也有出问题的时候,所以还要靠人的经验来补充判断。

B型人原则性较差,处事灵活,重人情,好通融,使他们很

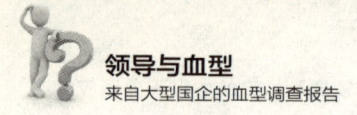

领导与血型
来自大型国企的血型调查报告

难在这种要求严肃认真、循规蹈矩的工作环境中长期工作下去；而且出于性格上的偏好，他们往往也不愿意选择这种单调又辛苦的工作。所以，在技安部B型人并不多见，在我调查的人当中，只有副主任和秘书是B型人。

但这并不是说B型人就完全不适于搞安全管理。事实上除了容易得罪人的安全检查工作之外，其他大部分工作B型人都能胜任。B型人考虑问题面面俱到，疏而不漏，可在安全工作策划方面大有作为。此外，他们直觉敏锐，能够及早发现安全生产中存在的隐患，并及时采取有效措施或提出富有建设性的意见。同时，**B型人对危险还有一种本能的夸大倾向，这让他们能时常关注一些在O型人或A型人看来不值得关注的风险，在使自己远离风险的同时，及时纠正O型人或A型人可能出现的蛮干行为，从而有效避免安全事故的发生。**

该部门在领导血型搭配上也是比较合理的，正职是O型，副职是B型。O型人组织能力强，B型人点子多，双方可在工作上形成一定的互补；而且在气质上B型人对O型领导也构不成威胁，O型人可以大胆放权，让B型副职独当一面。事实上，在配置了B型副职之后，O型领导在管理上省心多了，而且以往力不从心的工作也得以全面有效地展开。

第5章
职能部门领导及员工的血型职业适应性

第 10 节 　采购部

> 正职领导：A型
> 副职领导：一O型，一AB型
> 员工群体：O型和B型比例偏大

采购部共有员工计16人，血型分布为7O，6A，2B，1AB。

采购部是W集团物资采购的专门机构，工作范围为产品用主辅材料、科研用料、非产品用料、外购外协件、机电产品、工具备件等物资产品的采购工作等。

采购部的血型构成和财务部有很多相似之处，比如一把手都是A型人，几个科的科长都是B型人；工作中领导都能够身先士卒、率先垂范；对下属管理都比较严格，内部考核管理制度比较健全，且能够认真贯彻执行。虽然，从性格上看，采购业务作为公关性很强的工作并不太适合A型人，但从保证采购物资优质优价、有效杜绝职务犯罪的角度来看，A型人的诚实可靠可让他们获取老总的青睐。

在业务管理上，A型领导能够用人不疑，授权给B型科长独当一面。这样一来即使业务很繁杂，大家也能各司其职、有条不紊。**与爱做甩手掌柜的B型领导相比，A型领导一般都比较勤**

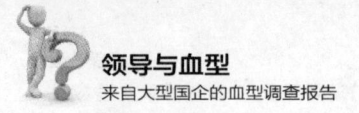

快，虽说不上事必躬亲，但重要工作还是会亲自出马，实践着AB型老总"既当指挥员又当战斗员"的管理理念。

更为可贵的是，A型领导不仅常常照顾到下属的难处，而且在下属出现过失甚至是重大失误时，往往也会出面承担责任，不会在老总追究时，把下属推出来当替罪羊。当然，这绝非是无原则的迁就，只是为了给下属一次改正的机会，以激发他们知耻而后勇的工作热情而已。

由于国企产品结构比较单一，所用原材料的品种少、批量大，采购对象比较稳定，所以采购工作比较符合A型人追求稳定、讨厌繁杂、不适应变化的性格。因此在A型领导上任的六年里，物资采购方面没有发生过重大问题，而且采购物资能够及时到位，保障了公司产品生产的顺利进行。

当然，A型领导也有工作失误的时候。2005年W集团试制新产品，由于所需材料繁多且多是新材料，一段时间内让A型领导手忙脚乱。加上A型领导过于注重维护原有客户关系，甚至仍然把采购希望寄托在原厂家身上，一定程度上影响了新产品试制的进度。

不过，出现那样的情况毕竟很少，而且即使出现了那样的情况，A型领导也能够通过自身的勤快或大胆启用B型下属来弥补自己的不足。总的来说，采购部目前的领导和员工血型构成是比较合理的，基本适应他们的本职工作。而且，在A型人担当一把手的采购部，领导和员工都比较廉洁奉公，很少出现职务犯罪现象。这也是AB型老总把企业的核心权力——人权、财权和物权中的两大权力都交给A型人掌控的原因。

第11节 保密部

> 正职领导：AB型
> 副职领导：A型
> 员工群体：AB型和B型比例较大

保密部共有员工计6人，血型分布为2AB，2B，1A，1O。

保密部是公司保密工作管理的专门机构，工作范围为涉密事项的密级确定、涉密人员的资质认定、涉密部位或文件管理的检查监督、涉外活动的保密审查工作等。

保密工作是一个需要守口如瓶的工作，哪种血型最胜任呢？O型人大大咧咧的，有时说话不经过大脑，肯定是不胜任的。A型人虽然不爱在外人面前乱说，但出于完美主义心态，不说出来心里就难受，可能会不自主地说给他们信得过的人听。B型人也比较随意，不仅是信息收集的高手，在信息传播上也毫不逊色。剩下就只有AB型人了，从性格上看他们比上述任何一种血型都适合搞保密工作。

AB型人原则性强，工作上循规蹈矩，通过对制度刻板地执行，可以有效杜绝泄密的漏洞；在人际交往中，常与人保持一定距离，不会与人太过亲密，当然更不会什么都与外人讲。**另外，AB型**

领导与血型
来自大型国企的血型调查报告

人合理化的思维方式,表现在说话上就是分寸把握得很好,受两种思维纠缠可能会说错话,但说漏嘴的情况少之又少,偶尔冒出来半句也能把后半句咽回去。"不该说的不说,不该问的不问"或"非礼勿动、非礼无视"是他们待人处世的一贯风格。从性格上看,AB型人孤寡好静,这客观上导致了他们朋友圈狭小、交流范围小,也有利于减少机要信息的向外传播。

在W集团,不只保密部的主任是AB型人,他的一个得力手下也是AB型人,连机要室管理保密网的员工也是AB型人。这或许存在偶然的因素,但偶然之中似乎也隐藏着某种必然。这种必然性体现在,AB型老总提拔任命中层领导时通常会考虑个人素质差异,包括性格的职业适应性;而且,AB型老总本身也凡事追求合理,自然会把比较合适的人用于比较合适的岗位上。由于AB型领导在性格上更胜任保密工作,将他安排在保密部主任的位子上就存在一定必然性了。

副职领导是A型人,作为气质上的强者,他可以在保密管理中与AB型领导形成一定的互补,能够在保密细节操作上提出有益的建议,进而有利于保密工作的有效展开。B型人虽在性格上不太胜任保密工作,但B型人比较胆小,有夸大风险的倾向,一旦从事责任重大的保密工作,他们对保密工作本身的敏感度会成倍提升,这与他们在生产劳动中很少发生意外事故是一个道理。另外,B型人信息比较灵通,考虑问题面面俱到,能够较早察觉到经营管理工作中隐藏的泄密风险,并及时提点和处置,从而将泄密风险消灭在萌芽状态。O型人虽有大大咧咧、粗枝大叶的一面,但是长期身处AB型气质主导的工作氛围中,也能养成守口如瓶的好习惯。此外O型人对外界戒心很重,陌生人出现会引起

第5章
职能部门领导及员工的血型职业适应性

他们的重点关注和提防，泄密风险也能因此大大降低。

和O型人一样，AB型人的原则性也很强，而且有时也有僵化、教条地坚持原则的倾向。O型人坚持原则是大是大非上的抓重点，而AB型人则会认为只要是原则无所谓大小都应该贯彻执行。在一些能够通融的场合AB型人也是不会通融的，甚至在一些无足轻重的小事上也过于较真，这也是他们被认为古怪的原因之一。

领导与血型
来自大型国企的血型调查报告

第 12 节　检验部

> 正职领导：A型
> 副职领导：两个A型，一个B型
> 员工群体：O型和A型比例偏大

检验部共有员工计102人，血型分布为34O，30A，23B，15AB。

检验部是公司物资及产品检验的专门机构，工作范围为原材料、零部件检验，产成品检验等。

产品检验需要认真细致、高度的责任感、极强的原则性和服务意识。在这些方面，A型人与其他血型的人相比显然更具优势。性格上的优势使他们比较容易在检验岗位上做出成绩，并受到领导赏识进而获得提拔的机会。这从检验部四位领导中有三位是A型人可以得到有力的佐证。

当然，并不是说其他血型的人就不能胜任检验工作，他们同样存在一些性格上的优势。比如，O型人原则性强，做事有重点，能够在检验中坚持原则，在重要产品的检验上一般不会出现问题；B型人眼力好，干活有窍门，能够更迅速准确地发现产品瑕疵；AB型人兼有A型人的认真和B型人的迅速，能够又好又快

第5章
职能部门领导及员工的血型职业适应性

地完成检验任务。但只有形成以A型人为主导的的工作作风，才能有效抵制其他血型的性格弱项，从而更好地发挥出不同血型人的性格优势和工作特长。

目前检验部领导和员工的血型构成完全符合形成A型气质主导作风的条件，也正因为如此，检验部门的工作质量和工作效率很高，与前任O型领导在位时形成了鲜明对比。

上一任O型领导虽然工作能力、组织能力并不逊色，但其做事风格是抓重点而忽视细节，所以在内部管理上有很多漏洞，全然倚赖检验工段长间接管理员工。同时，他很少深入基层，不了解基层情况，更不知员工的疾苦和呼声。这样一来，就导致了工段长乃至班组长的权力过度膨胀，严重影响了员工工作的积极性，进而影响到了检验工作的质量和效率。

A型领导继任之后，一改过去单纯倚赖工段长进行间接管理的做法，经常深入基层检查工作、了解情况，现场解决存在的问题；同时，充分发挥基层民主管理的作用，鼓励员工反映问题、建言献策。这样一来，就将工段长、班组长的权力置于领导层和员工的双重监督之下，并受到了有力的制衡。以往工段长甚至班组长一人说了算，检验工作中存在"潜规则"的现象基本消除，干群关系更加和谐，员工的工作积极性、主动性和创造性更好地发挥了出来。

同时，追求完美、善于改进的A型人对检验部原有的管理制度进行了修订和完善。改进后的制度更加人性化、更具有操作性，从而实现了由人治向制度管理的方向性转变，检验部门的工作状态也由此焕然一新。

第 13 节　党群部门

> 正职领导：B型
> 副职领导：二O型，二B型，一A型
> 员工群体：B型和O型比例偏大

党群部门共有员工计60人，血型分布为25B，18O，12A，5AB。

党群部门林立是国企有别于民营的一个显著特征，曾在特定的历史时期起到一定的积极作用。但随着时代的发展，尤其是社会主义市场经济的确立，效益（利润）日益成为大多数国企追逐的目标，侧重于精神鼓励的党群部门工作的重要性就大大下降了。

与其他职能部门相比，党群部门一般不直接管理或干预生产经营活动，而主要侧重从精神层面上宣传动员，用以鼓舞士气、凝聚人心，从而达到激发员工热情、完成工作任务的目的。

转型改制之后的六七年里，W集团党群部门的工作也开始萎缩，除了在宣传报道方面仍占有一席之地外，其他号召动员应者甚少。但与此同时，党群部门的在岗人数不减反增、人浮于事，待遇却不比别的部门低，所以对一些追求闲适的人员具

第5章
职能部门领导及员工的血型职业适应性

有很大的吸引力。党群部门的工作性质，决定了能说会道、能写会画、能歌善舞仍旧是对员工的基本要求，同时还要有一定的组织能力。

在这种情况下，具有外向型气质且善于表现、组织能力强的O型人和内外兼修、能说会道、策划能力强的B型人就成为党群部门最适宜的员工人选。A型人倒也有文采，但往往是随感而发，为写而写、刻意造作不是他们的风格；AB型人求稳求静，参与意识不强，喜欢做局外人，所以也不太适合在党群部门工作。党群部门的工作性质加上不同血型的人的性格偏好，决定了W集团党群部门（当然不只W集团，大部分国企的党群部门）形成了以B型人和O型人为主体的员工血型构成。

而事实上，在党群工作中，O型人和B型人的搭配也确实具有很强的互补性。比如，O型人做事抓重点，有目标，能够保证党群工作有重点和针对性地展开；B型人思维发散，点子多而且考虑问题周全，能够保证党群工作的组织乱中有序、疏而不漏。另外，O型人精力充沛、充满活力，在他们的组织下，能够使各项活动充满人气，并开展得如火如荼；B型人足智多谋、能说会道，在他们的辅佐下，能使各项活动变得饶有趣味，并开展得有声有色。O型人的勤快能够弥补B型人的懒散；O型人组织性强的特点能够弥补B型人的涣散作风；O型人善于抓重点的优点能够弥补B型人的做事没重点的缺点；反过来，B型人的全面周到能够弥补O型人的粗枝大叶；B型人的足智多谋能够弥补O型人的思维简单；B型人的会来事能够弥补O型人的方法粗暴。O型人和B型人在党群工作上的完美组合，实践了哲学中重点论和两点论的统一、特殊性和普遍性的兼顾。

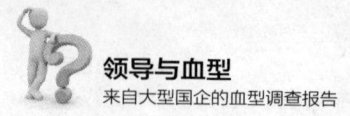

领导与血型
来自大型国企的血型调查报告

　　O型人和B型人在性格上互补性很强的特点，决定了不论O型人还是B型人做一把手，都能将党群工作搞得有声有色。所不同的是，如果一把手是O型人，B型人往往会充当管家和谋士的角色；如果B型人是一把手，O型人往往充当不折不扣的"执行者"的角色。在O型人和B型人业已形成黄金搭档的情况下，即使没有A型人和AB型人的参与，各项工作仍然可以卓有成效地展开。

　　当然，O型人和B型人的组合，也存在一定的问题。比如双方都比较注重形式，爱说大话、空话和套话，正面报道多于负面报道，这样一来对生产经营并不能起到实际的作用。另外，B型人比较懒散，如果在党群部门分布过多的话，就会形成游手好闲、懒散拖沓的不良风气。

　　转型改制之后的几年里，由于W集团生产任务一直很饱满，企业创造的价值足以供养包括党群部门在内的很多闲散人员，所以人浮于事的负担及其对生产经营的不利影响尚不明显。但随着国家产品订货期的结束，W集团生产任务将日益减少，党群部门及大量闲杂人员的存在，将增加企业的运营成本，使之难以适应日益激烈的市场竞争。

第6章

血型领导的管理风格和官场生存之道

　　本章分别介绍了四种不同血型的领导的管理风格及他们的为官之道，就不同血型的人如何在国企中保职、升职提出了应对之策，可供上级领导摸清下级领导的为官之道，也可供下级领导摸准上级领导的思维脉搏。

领导与血型
来自大型国企的血型调查报告

第❶节 O型领导的管理风格和生存之道

> O型领导性格图谱：精力充沛、意志坚强、善于表现、积极向上、冲动易怒、争强好胜、敢作敢为、敢说敢干、坚持原则、踏实苦干。

一个成功的O型领导往往是一言九鼎、敢作敢为的人。他们不怕得罪人，而且的确得罪了不少人，但同时也赢得了更多人的拥护和支持。只要不是所有的下属都对他们不满而群起反抗，O型领导就能够通过权威来确保他们坚如磐石的地位。因为他们多为心直口快却又不记仇的人，故即便对他们心存不满的人也会很快淡化对他们的仇恨。

O型人重视原则，不会拿原则问题做交易，尤其是在工作中，丁是丁卯是卯，绝不含糊。如果有人胆敢无视原则、违规操作、即便没有造成严重后果，O型领导也会大发雷霆，予以惩处。虽然O型人在性格上有些冷酷，甚至于有些死板、教条，但并不是说他们就不讲人情，他们只是认为在工作中无视原则是危险的。O型人的这种风格在以美国人为代表的企业家中体现得尤为明显，如果他们规定迟到三次就开除，那么就绝不会给你第四次迟到的机会。

第6章
血型领导的管理风格和官场生存之道

抛开工作，O型领导也会流露出浓浓的人情味。他们会在工作之余带员工们一起去娱乐，并给予他们百般关照。因为O型人本来就热情奔放，如果员工们能体会到这一面，就会随即化解长期以来对上司的不满，并对领导的作风产生由衷的敬佩。

在开拓市场和对外交际方面，O型领导常常表现得十分活跃，且有积极创新的精神。而且，在他们看来，交际范围的宽窄和市场开拓的大小是一致的。为了达到占有更多市场的目的，他们有时也会不择手段（如采用不正当的竞争），通过各种关系来打通门路、赢得市场。

在进行业务公关时，豪爽、大气的O型领导常常是一掷千金。当然他们也是有重点、有目的的，清楚哪里是最需要打点的关键环节。虽然这样做在有时候会存在一定风险，但一旦事成，回报通常也很惊人。这与O型人目标导向强烈，过于关注目的的性格有关。

在推陈出新方面，O型领导表现得果断迅速。虽说有时这些

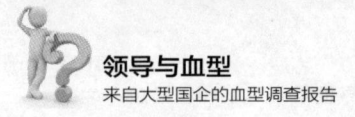

好的想法并不是他们自己想出来的，但他们却能够更快、更好地付诸实践。

O型领导的公关倾向是花大钱办大事，为赢得较大回报往往不惜在公关方面重金铺路。

O型人要强上进，为人豪爽、待人热情、敢于表现、踏实苦干。同时，他们组织能力很强，也爱指挥人。这些性格优势使他们很容易得到领导的赏识并得到提拔。不论是在国企还是民企，O型人成为领导的概率都是最大的。

但O型人的等级观念较强，权力欲望过大，在工作中经常逞强好胜，当他们完成角色转换成为领导之后，往往会判若两人，变得固执自负、独裁专断、听不进下属意见、四处树敌。这样一来，难免失去人心，陷于孤立，甚至丢掉领导的位子。W集团分厂的一个O型领导就是如此，在他上台之后，唯我独尊、目中无人，不仅经常对自己的下属横眉冷对、翻脸无情，而且对兄弟单位的领导也常常出言不逊、不留情面。他做人非常高调，喜欢讲排场，在儿子结婚时大操大办、极尽奢华，这件事情最终葬送了他的官场前程。

中国是一个AB偏B型气质主导的社会，国企官场风气也带有明显的AB偏B型色彩，总的来说比较中庸、含蓄、注重合理。在这种氛围之下，过于锋芒毕露的O型人的做法显然是不合时宜的，注定是要碰壁的。O型领导若想稳坐领导的位子，必须在很大程度上压制性格中的个人主义、好大喜功、逞强好胜、独裁专断和不择手段等等不良倾向。在中国这个B型化的社会环境中，他们应该多向处事中庸、待人圆滑的B型领导学习，换句话说，B型化的O型领导更适合中国官场的生存环境。

第6章
血型领导的管理风格和官场生存之道

此外，O型人性格中的一些优势，如踏实苦干、豪爽热情、开朗大度、坚持原则、敢想敢干等等品性，还应更好地秉承和发扬，毕竟这些是他们赢得领导和员工尊重的根本所在。

领导与血型
来自大型国企的血型调查报告

第 2 节 A型领导的管理风格和生存之道

> A型领导性格图谱：沉着稳重、坚忍不拔、注重感情、柔中带刚、腼腆害羞、为人师表、身体力行、以身作则、三思后行。

如果不处于权力的巅峰，A型人常以"老好人"的面目示人，他们不愿意得罪任何人，而且也不想越权指挥。作为下一级领导，他们除了向上级提出一些建设性的意见外，更多的是不折不扣地执行上级传达下来的指示。A型人做事很严谨，一般不会出现纰漏，加上气质上的原因，他们的上级一般不会向他们大发雷霆，即使是有些冷酷无情的O型上级。

A型领导的权力欲望不是很强，也不想过分表现自己，当然也因此深得人望。如果有一天，他们真的赢得第一把手的宝座，也是自然而然、水到渠成的事情。因为A型人的人缘不错，所以初次上任往往能够赢得广泛的支持。同之前一样，A型领导依旧平易近人，很少因地位的改变而自以为是。所不同的是，他们会比原来更具有责任感，并表现出几分柔中带刚的严厉。A型领导虽不会像O型领导那样冷酷地指责他的员工，但对员工的原则要求并不比O型人逊色，他们甚至比O型人还缺乏通融性，更吹毛求疵。尽管他

第6章
血型领导的管理风格和官场生存之道

们很少采取O型领导那样激烈的方式对待下属，但仅仅一张拉长的脸，就足以令人惶恐不安。

但A型人毕竟是感情型的，对于员工的一些失误，很少会像O型领导那样做出无可挽回的惩处。他们更愿意多给员工们一次机会，而且愿意通过真诚的行动，如通过示范或恳谈来感化他们。不过，有时A型领导也会因为在人事问题上的优柔寡断而给自身和组织带来损害。

在国企，O型人是花大钱办大事，B型是花小钱办大事，AB型人是不花钱办大事，而A型人则是不花钱不办事！A型人十分在乎人格上的尊严和羞耻心，往往不会求人，即使他们清楚花钱能够办成事情，也常常不去行动。

A型领导不善于社交，也不愿采取非正当的竞争手段赢得市场。比起投机取巧，他们更愿以务实的精神，靠产品质量和诚实信用打开局面。难怪以A型人为主体的德、日国家的产品以品质

领导与血型
来自大型国企的血型调查报告

过硬、标本兼顾而著称于世。但在全球化的今天，在人情味浓的东方社会，在外部导向的O型社会，不善表现、不爱交际的大家闺秀式作风，显然不利于市场局面的打开。

A型领导的公关倾向：不花钱不办事，他们在公关花销上谨小慎微，常常使他们与机会失之交臂。

A型领导的性格几乎与O型人全然相反，O型领导的一些性格缺陷在A型人身上很难找到。不过，他们似乎走向了另一个极端：老实巴交、处事低调、不爱表现、忍耐顺从、任劳任怨、息事宁人，在工作中总以"老好人"的面目示人。这些性格特质，虽使他们在员工群体中深受欢迎，却不容易引起领导的关注和重视，所以除非是民主选举，否则A型人成为领导的可能性并不是很大。

不过，有时候A型人诚实可靠的一面也能赢得老总的好感，但这要看老总本人的品性和喜好了。就W集团而言，AB型老总属于过日子型领导，不喜铺张浪费，因此对A型人性格中的诚实可靠、谨慎俭朴的一面比较赏识，并把两位A型领导安排到了财务和采购两个重要部门；而且让他们一干就是六七年，期间一直非常信任他们，两位A型领导的地位相当稳固。

但在需要八面玲珑、左右逢源的国企官场，A型领导在性格上也有很多不适应的地方，比如不会来事、不善交际、不会忽悠、应变能力差、对不合理的事情抵触情绪强烈、一定程度上爱钻牛角尖等。这些特点成为他们失宠的致命因素。从W集团这两年连续撤换的三位A型领导身上，我们可以清楚地看到A型人的性格弱点以及因此给他们官场前程带来的不利影响。其中两位是因为不会掩饰工作中的问题，不会推卸责任而被AB型老总撤

第6章
血型领导的管理风格和官场生存之道

换；一位是因为在对早操的理解和态度上与老总有不同看法，而被老总"拿掉"。在老总亲临广播操现场检查时，这位A型领导依然我行我素，按照自己的理解去做，表现得不是很认真，结果触怒了对形式很看重的AB型老总，从而丢掉了一把手的位子。

所以，A型领导要想在国企中更好地发展，必须改变过于老实和钻牛角尖的倾向，该灵活的时候就要灵活，不能一根筋死扛到底；最重要的是，要和老总保持一致，必要时甚至要放弃自己建立在独立见解之上的观点，做一个不折不扣的执行者。

A型领导正义感强，对事黑白分明，看不惯不正之风；相比较而言，B型领导和O型领导就比较圆滑，会主动迎合AB型老总。

第 3 节　B型领导的管理风格和生存之道

> B型领导性格图谱：风趣幽默、能说会道、灵活善变、富于谋略、面面俱到、一视同仁、待人平等、心直口快、中庸调和、人情味浓。

B型人一般不适合做官，而且很多B型人也不愿做官。所以，一个组织的最高领导人是B型人的情况并不多见。当然，这与他们的性格有直接的关系。和其他血型的人相比，B型人既缺乏O型人的威严和征服欲望，又鲜有A型人的严谨和协作精神，还不具有AB型人的沉稳和距离感，所以具有无差别待人倾向和生性不喜束缚的B型人很难在广大员工中间树立起领导者的形象。尽管B型人也有乐于表现自我的一面，但却缺乏应有的野心和权力欲望，如果不是领导赏识他们的聪明才智而破格重用，B型人的领导权威很难自然形成。

如果不是担当第一把手，负责局部分工的B型领导还是能够做到身体力行，发挥出他们应有的聪明才智的。**一个好的B型领导在工作时总是很有窍门，而且对属下亲切宽容，与他共事的员工们都会感觉到轻松愉快。**

但是，B型领导比较看重本岗位的利益，较少抱有全局观

第6章
血型领导的管理风格和官场生存之道

念,在需要进行协作的领域,常常难以和其他领导达成一致,容易发生推诿扯皮的情况。尤其是在责任追究不力的大型国企中,这种事情更容易发生。所以,从某种意义上看,B型人更适合在国企任职。

相对而言,B型领导适合自由度较高的工作,如营销、采购、策划等。B型领导较具有创新精神,能够很快地引入新的思想,并在此基础上形成自己的经营理念。在经营方面,比起重实力和重品质,B型领导更看重市场机会,一有机会,他们就会迅速闯入,并在市场饱和之前果断地改弦更张。

B型领导的公关倾向:花小钱办大事,借用人脉网能够以较小的投入赢得较大的回报。

B型人的豪气很多时候是虚张声势,深入交往就会发现其实他们算计得很清,总是希望以非常小的投入换取更大的回报。当然这通常要依托外围的关系,但如果要送礼的话他们通常会买一些包装精美而实际并不贵重的礼品。

B型化的中国社会,无疑更适合B型领导的生存和发展。尤其是在注重人情关系的国企中,会来事、善交际的B型领导在官

场上更是如鱼得水、左右逢源。W集团中的B型领导虽然在数量上不及O型领导，但大多数位高权重、身居要职，深得AB型老总的赏识和宠信。比如，主管人事的副总、人力资源主任、主管业绩考核和制度建设的企划部领导等都是B型人。每每老总遇到管理难题或进行重大决策时，总是要把这几位B型领导召集到一起进行商榷。

即使是在各生产经营单位中，B型领导也不乏其人。由于能够同时从几个方面思考问题，所以他们很善于对生产经营进行有效统筹，能够将看似不可能完成的任务完圆满完成。他们当中很多人还是多面手，既懂管理又懂技术，经常可以独立解决生产中遇到的技术难题。另外，B型人通常对下属比较宽容，并善于采纳不同意见，基本没有官架子，很容易和员工打成一片。

另外，B型领导还善于揣摩老总的心思，并投其所好。对于老总的决策，他们大多数能够做出善意的理解，即使不理解也会在表面上表示赞同。这也是B型领导的一种国企生存智慧。

当然，B型领导在管理上也有其致命的弱点，就是缺乏执行力。其中有懒散拖沓的性格上的原因，但更多的是因为B型人考虑问题过于全面，试图面面俱到，导致工作没重点，结果事情往往不了了之。

第 4 节　AB型领导的管理风格和生存之道

> AB型领导性格图谱：沉稳冷静、作风严谨、追求合理、勤俭节约、保守含蓄、深谋远虑、理性旁观、善于协调。

作为领导，AB型人并不比O型人逊色，如果说O型人多以权威来树立自己的形象，并以强有力的方式来进行领导的话，那AB型领导则以不偏不袒的工作作风，动之以情、晓之以理，身体力行地来调动员工们的积极性。只是，AB型人对待权力较为淡泊，且对人保持有一定的距离感。所以，与其锋芒毕露、高居庙堂，他们更愿意身居幕后，扮演顾问、智囊等等角色，而且这样一来他们的作用和影响也绝不亚于台前的领导。

如果时机成熟，AB型人对于领导的职位也不会过分推托，至少不会像A型人那样有畏难情绪。对于自己的能力，他们实际上非常自信，也有潜在的表现欲望，一旦成为领导，他们就会把自己的聪明才智发挥得淋漓尽致。AB型领导属于能攻能守的类型，而且始终理性，所以他们的一言一行都会散发出领袖的魅力，令下属敬佩之至。

AB型领导时常受两种思维方式的纠缠，在进行重大决策或工作时显得有些焦躁不安，甚至反复无常。但是在一些重大原则

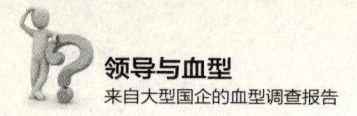

问题上,他们还是能够坚定立场、分清主次的。在这方面AB型领导更接近于A型人,具有一定的社会意识和责任感。他们不喜奢华、浪费,也不会故作寒酸。总之,他们强调合理,希望人尽其才、物尽其用。在生活作风上,大多数AB型领导都比较朴素,而且能够尊重传统。

AB型人的高明之处在于,他们有时候可以不花钱办大事。这首先要归功于他们被同事和上级认可的工作能力和敬业精神。虽然他们不会刻意表现,但却常常给领导留下深刻的印象。他们不会像A型人那样干什么不好意思,更懂得在合适的场合说合适的话,有求于人时他们的言行会表现出很强的冲击力,会让被求者一时间无法拒绝,并作出令他们事后才后悔的承诺。

尤其在协调性方面,他们更适合做总指挥,提纲挈领地统领全局。AB型领导不仅有B型人的足智多谋,而且有A型人的务实和执行力,所以,许多在B型或A型领导看来难于贯彻的方针,AB型人反倒能够很好地施行,而且富有成效。在公共关系方面,AB型

第6章
血型领导的管理风格和官场生存之道

人更是能处乱不惊、得心应手,这是因为他们既有A型人的细致、周到,又有B型人的随机应变、灵活变通。

尽管AB型领导也看重市场的机会,但很少会像B型领导那样盲目跟风、无孔不入。他们还有冷静的一面,较少会因为眼前的利益而放弃长远的规划。不过,他们也不会像保守的A型人那样瞻前顾后、优柔寡断。显而易见,相比之下,AB型人作为国企领导,更容易获得成功。

AB型领导的公关倾向:不花钱办大事,善于借用各种资源,能以几乎零成本投入赢得较大的回报。

AB型领导总是与人保持一定的距离,有种君子之交淡如水的感觉。这种性格决定了他们的朋友不多,在官场斗争中不爱拉帮结派。他们能得到老总的器重,一般不是借助人情关系或刻意表现,而主要靠他们在生产组织上的聪明才智。**如果说O型领导属于苦干型,B型领导属于会干型,A型领导属于能干型,那么兼有三种血型性格特点的AB型领导就属于"能干加会干加苦干型"。**他们的这种优势加上与生俱来的综合平衡能力,若运用于生产组织过程中,往往会创造出许多让人意想不到的奇迹。

W集团精密仪器分厂厂长就是AB型人。担任厂长两年多来,他所承担的配套任务几乎回回都能按时交货,从未出现无法完成影响生产的情况。同样的任务,换了是O型领导可能因为苦干、蛮干、不懂方法而出现产品质量问题;换了是B型领导则可能因为面面俱到、没有重点,而最终顾此失彼什么也做不好;换了是A型领导则可能会因为循规蹈矩、不善变通和灵活调度而延误一些产品的生产。唯有AB型领

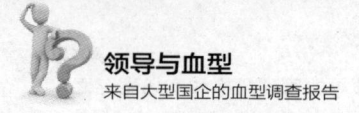
领导与血型
来自大型国企的血型调查报告

导能够运用其综合平衡能力,面对和处理各种复杂的情况时,兼顾品种、数量、质量、安全,把不可能完成的任务完成好。

因为和老总同属AB型性格,所以该厂长在很多事情上与老总不谋而合。比如,他在对员工做早操的理解上就与关注细节和形象的老总有着惊人的相似。他不仅要求员工提前十分钟到场(为换工装留出时间,确保准时做操),而且制定了严格的早操考核制度,甚至对做操的动作快慢都有规定;此外,该厂每周还要组织一次严肃的升旗仪式(也是全厂独此一家);现场管理更是搞得井井有条、有声有色,连续几年被评为公司先进现场管理单位。这样的领导自然会得到具有同样审美取向的AB型老总的赏识。

同样,AB型领导也有其性格上的弱点,那就是A型和B型的两种思维方式经常纠缠、撕扯在一起,这既是他们反复无常的原因,也是导致他们原地踏步的因素。这种性格表现在经营上就是缺乏创新和进取。

第7章

不同血型领导的自我修炼

　　各种血型的人都有自己的优点和不足，就血型而言，不存在优劣之分；而且优点和不足也不是绝对的，而是相对的。

　　血型不是万能的，但要想完整地了解一个人或一个民族，不考察血型又万万不能。人有主观能动性，能够进行自我调节，从而与这个社会相适应。故此，我们才应够能动地改良自己的性格，最大限度地发挥自身的血型性格优势。

领导与血型
来自大型国企的血型调查报告

第 1 节　O型领导的自我修炼

> O型领导的缺点：粗枝大叶、不够随和、没有耐心、固执己见、刚愎自用、个人主义、自我显示、鲁莽冲动、争强好胜、冷酷无情等。

O型领导要克服自身的缺点，应从以下几个方面着手。

1. 培养和锻炼自己的韧性

O型领导意志坚强，能够为既定的目标付出艰苦的努力。但是他们一旦失去目标，或经过努力无法达到目标时，就很容易懈怠下来，甚至主动放弃。我们说O型领导缺乏韧性就是指这个时期。**因为O型领导比较现实，很少做出在他们看来是无谓的牺牲。当然，他们并不是害怕失败，只是不愿意为必然的失败浪费更多的精力。**

可失败与否，并不是任何时候都能够作出准确的预见，也许只要再坚持一下就会获得成功，不幸的是，大多数O型领导都过早地放弃了努力。

"世界上没有征服不了的高山，只有征服不了高山的人。"O型领导常常有这样的气魄，可就是缺乏向理想迈进过程中所应具备的韧性和执著。**他们可能很坚强，但就是不顽强**，许多眼看就要到手的胜利往往因此就让予了对手或敌人。如果他们能够有战斗到最后一兵一卒的决心，或许人类历史上的许多战争就要改写。

O型领导之所以急流勇退，往往是因过于在意失败给自己造成的损失。为什么他们就不能换个角度来看待失败呢？事实上，失败给一个人带来的经验和教训是不能用金钱来衡量的。要想学会走路，就必须学会摔跤，而且是不止一次的摔跤。只有这样，才能磨炼O型领导的意志，培养他们百折不挠的精神。

2. 锻炼思考力

O型领导属于行动派，好动不好静。**与茫无目标的苦思冥想相比，他们更愿意付诸实践**。这并不是说O型领导就没有思想，只是他们的思想更多的是来自于不断的实践。实际上，他们一生都是在不断地实践，而这无论成败都对O型领导的思想大有裨益。

在判断事物上，O型领导总是自觉或不自觉地以自己的经验和阅历做参照，往往作出比较保守的回答。尤其是对一些新的思想、新的观念，他们更是无所适从，甚至采取排斥、否定的态度。就拿血型知识来说吧，大多数O型领导都对此嗤之以鼻。原因很简单，在尚未被人们普遍接受或成为一种常识之前，O型领导很少会主动问津，这和他们行动上的冒险意识形成了鲜明的对照。

由于实践多于思考，所以在O型领导当中常常会出现这样的情况：他们能够率先掌握一种技术，却不能很快接受一种思想。

领导与血型
来自大型国企的血型调查报告

为此,我们可以理解一种文明对另一种文明思想所表现出来的固执和排斥。尽管可以接受另一种文明的技术,但却不愿接受另一种文明的理念。所以,对以实践见长的O型领导来说,重要的就是要学会去思考,而且,大量事实也表明,善于思考的O型领导待人处事会更加沉稳,更容易获得成功。当然思考必须有素材,因此博览群书是必不可少的。

3. 强化包容性

O型领导在气质上是属于进攻型的,所以在待人处事方面,他们常常采取以攻为守的姿态,在遭到攻击或感到不满时,很快就会作出反应。有的O型领导火气较旺,口无遮拦,让同僚和下属难以接受。此外,他们团伙意识强烈,爱拉帮结派、党同伐异,从而导致了国企官场中派系斗争激烈的现象。

所以,对O型领导来说,加强自己的文化修养以及在此基础上培养自己的包容性,就显得相当有必要。一般来说,修养越高就越有包容性。道理很简单,因为思想越丰富,就越能对自己的言行进行理性的支配。加之O型领导本身也有客观的倾向,所以很容易转变为一个沉着、冷静的人。

有时候,连O型领导自己也弄不清当时为什么火气那么大,但事后冷静下来,总是追悔不迭。一个人爱讲道理,或者追求公正并不是件坏事,只是O型领导在这方面太过认真,难免有小题大做之嫌。"因为不对,所以应该……"O型领导总爱以这种简单的逻辑处理问题,所以常会引发许多没有必要的争执。如果把这个公式加长:"因为不对,但是……,所以就……",那么人与人之间就会更容易相处。

　　如果公共汽车到站，最先上车的会是什么血型的人？大家首先想到的可能是争强好胜的O型人，其实不然。O型人是有凡事争先的欲望，但是他们大多是靠蛮力笨拙地争抢，结果往往是挤得谁也上不去。倒是很多敏感的B型人，往往提前感觉到车将要停靠的位置，然后把握时机迅速、敏捷地蹿上去。而谦让、反应慢的A型人总是成为那些排队靠前、上车靠后的人。

4. 少些直白，多些含蓄

　　"胡同里赶猪——直来直去"，就是对O型领导性格最形象的描述。他们属于心里藏不住事的类型，心直口快、有啥说啥。如果有什么话憋在心里，对他们而言简直就是一种负担。在朋友面前，O型领导更是无话不说、无所顾忌。总之，他们的话非常有个性，也非常真实，在他们看来，生活就应该充满阳光。他们不愿掩饰自己的缺点，当然更愿意暴露自己的优点，有强烈的显示欲望，这正是西方人尤其是美国人与东方人的不同之处。

但有时候,过于锋芒毕露也未必是件好事,尤其在复杂的社会生活中,太过直接反而易向对手暴露自己的弱点。虽然,O型领导的敌我意识很强,在外人面前能够沉得住气,但在伙伴们中间却常常毫无保留。鉴于自己的这种性格,O型领导更应时常自省:祸从口出!

O型领导比较争强好胜,经常向人们展示自己的实力,而且从不掩饰自己的雄心。但在一个团体中,尤其是在中国这样的社会,太过自我表现反而易引起别人的不满和反感。俗话说"出墙的椽子先烂",O型领导当引以为戒。如果他们能够做到"进退有度,引而不发",那么就可能"不战而屈人之兵"。

第2节 A型领导的自我修炼

> A型领导的缺点：意志薄弱、优柔寡断、孤僻封闭、不善交际、胆小害羞、易退缩、悲观、消极、缺乏自信、吹毛求疵、感情用事等。

A型领导要克服自己的缺点，应从以下几个方面着手。

1. 培养和锻炼自己的意志力

A型领导有一种消极意味上的忍耐力，那就是当受到别人的攻击或被逼入苦闷的境地之中，会一动不动地忍耐着，直到攻击结束。**通常情况下，他们不会主动进行反击，即便认为该反击了，也常常迟迟不采取行动。他们总是希望化干戈为玉帛，而且总是以自己的好心去揣度别人的本性，可事实却不尽如人愿。**

总之，他们比较缺乏打破现状的勇气和精神，在为自己开拓道路方面显得很软弱。有时，即便是一些细小的问题，也会让他们忧心忡忡，甚至产生退缩的念头。他们从事的许多工作之所以不能善始善终，大概也和意志薄弱有关。A型领导的气力一旦衰竭，整个人就会变得非常沮丧和落魄，以致产生逃避现实的心理。自古终南多道士，实际上就和A型领导的这种心态有关。

领导与血型
来自大型国企的血型调查报告

为了培养自己的意志力，以及在此基础上面对生活的勇气，A型领导应不断地给自己暗示和鼓励，可以在认清目标之后，再度从颓唐中崛起。为了把这种坚强的信念和毅力保持下去，A型领导必须以积极的心态去面对生活，并时刻注意培养自己处乱不惊的心性。只有这样，才能不止一次地战胜自己，步入成功的殿堂。

2. 培养和锻炼自己的果断性格

A型领导好悲观，多愁善感，做什么事都老往坏处想，做事常瞻前顾后。所以，在面临工作上的一些挑战时，总有些优柔寡断、迟疑不决。这可能和他们过强的羞耻心有关。他们总是十分在意周围人的评价，不愿被人家在背后指指点点，从而也容易失去信心而畏缩不前。A型领导很了解自己的这种弱点，只是无法从因为缺乏自信而导致的自卑感中解脱出来。

对此，A型领导一定要有战胜自己的信念，无论大事小事都应积极面对，决不能选择逃避。何况对A型领导来说，没有任何中间道路可走，要么在沉默中死去，要么在沉默中爆发，成功的A型领导当然应属于后者。

尽管A型领导有黑白分明的思维倾向，但在处理具体问题或人际关系时，却时常被感情的包袱所拖累。他们之所以不能果断地作出决定，往往就是因为太顾及情面，心也太软。与此形成鲜明对照的是，他们却可以在一些不足挂齿的家庭琐事上，和自己的亲人争执不休。

所以，A型领导要想变得果断起来，最好是在明辨是非的基础上，一视同仁地面对所有的人。A型领导不是没有决断力，而是不去决断。

3. 培养和锻炼自己的行动力

A型领导是思考型的人，也可以说他们是靠头脑生活的人。如果一件事情想不清楚，他们就不会贸然采取行动。在行动之前，他们总爱自问："这样干好不好？"就是因为想得太多，许多本来很容易做的事情，也常被无限期地推迟。当他们做好充分准备的时候，机会已经失去了。事后，他们当然很后悔，但再遇到类似的情况，依旧会重蹈覆辙。

A型领导是完美主义者，干什么都想做到万无一失，不出纰漏。可做好并不是想象出来的，必须去行动。如果因为怕出差错而屡屡不去行动，那么就永远不能从实践中获得真知，何况理论和实践从来就不是孤立存在的。

与实践派的O型人相比，胆小谨慎的A型人完全是理论派，凡事总喜欢三思而后行。如果理论上想不通，他们就不敢去实践。学游泳是最典型的例子。通常情况下，A型人都是先搞懂如何划动四肢，才下水去实践。如果他们想不通，就不愿下水。其实，只要放下精神包袱，大胆地去实践，他们的学习能力就会迅速提高。

领导与血型
来自大型国企的血型调查报告

这就和游泳一样,如果你不进入水里,就不可能学会游泳,也不可能形成关于游泳的真知灼见。**所以,对于不善行动的A型领导而言,与其三思后行,倒不如行后三思。一旦A型领导能够行动起来,他们就不会逊色于任何人。记住,任何出色的想法和计划都不能代表成功,因为成功出自于实践,出自于理论和实践的统一。**

4. 培养和锻炼自己的表现力

A型领导在知识的积蓄方面很出色,涉猎的范围也比较广泛,看问题也比较深刻。但遗憾的是,他们有效运用这些知识的能力不足。这和他们不爱过分表现自己有很大的关系。不少A型领导对表演节目很是紧张,生怕出丑,以至采取回避的态度。这和其他血型的人,尤其是爱自我表现的O型领导形成了鲜明的对照,至少在心态上有着天壤之别。

由于不善表现,更多的A型领导把自己的思想转向了内心世界。于是,不少人认为他们是藏而不露的人。**其实,他们是在自我封闭。尤其是那些怀才不遇、抑郁寡欢的A型领导,更像是把自己装在套子里,成为"套中人"。许多原本很亲密的朋友就这么疏远了,以至成为互不往来、擦肩而过的陌路人。**

A型领导真的就这么孤僻和清高吗?不是的。

即使是好静的A型领导,也想向别人打开心扉。只是他们太不主动了、太消极了,而且常常发出"天下之大,知己寥寥"的感慨。确切地说,他们不是没有朋友,而是对朋友的标准要求太苛求了。

对A型领导而言,千万不能以"真人不露相"自欺。要想放

第7章
不同血型领导的自我修炼

得开、富有表现力，变得轻松、潇洒，就必须首先从"套子"里解脱出来，积极、乐观地去面对生活，"该出手时就出手"，不必考虑太多。因为你属于你自己，没有必要在别人的眼光下生活。为此要分清要脸和要面子是两回事，要脸事关自己的尊严，而要面子则是一种虚荣。

偶尔，A型领导也可以主动邀请一些老朋友去吃饭、聊天，总之，只要有自我表现的机会，就不要放过。因为对习惯了用头脑生活的A型领导来说，太需要抒发自己的情怀了。

领导与血型
来自大型国企的血型调查报告

第 3 节　B型领导的自我修炼

> B型领导的缺点：见异思迁、灵活善变、无常性、懒散拖沓、不太合群、我行我素、自由散漫、随大流、虎头蛇尾、无原则性等。

B型领导要克服自身的缺点，应从以下几个方面着手。

1. 培养和锻炼定性

B型领导的性格和他们的祖先游牧民族的秉性是非常相似的。虽然，他们从祖先那里继承了不少优良的品质，但同时也保留了不少缺点。比如无视规则、容易动摇、立场不坚定、见异思迁、随波逐流等。显然，这与社会化的现代生活是不相符合的。

B型人由于无视社会规则所导致的行为，最常见的就是爱闯红灯。虽然他们身手非常敏捷，常常化险为夷，但也总有不幸的伤残者，更重要的是这种做法扰乱了正常的交通秩序。另外，B型领导的立场也不是很坚定，容易发生动摇，这有时也会造成敌我不分、是非不清的情况，严重时可能导致爱国热情的淡漠。中国和印度精英人才大量外流就是一个很好的例子。由于缺乏一贯性和坚定性，B型领导做什么事都不很执著，工作上的表现就是常常见异思迁、半途而废。

他们的原则性不是很强，而且非常善于变通。**所以在一些原则问题上，他们也容易犯一些错误，比如作为下属，他们总是能够创造性地变通上级的指示。**如果把持不住的话，拉关系、走后门，甚至行贿、受贿的不良风气也会乘虚而入。所以对于B型领导而言，培养自己的定性是非常重要的。有不少B型领导喜欢练气功，或者对瑜珈感兴趣，也是出于培养定性的需要。

2. 加强团队协作

"一个中国人是一条龙，三个中国人是一条虫"，这实际上就是对B型性格不善协作的形象概括。作为个人，他们的确非常优秀，不仅天资聪颖而且乐于助人。可作为一个整体，他们却总是难以进行有效的协作，有各顾各的和我行我素的倾向。这难免会引起其他同事的不满和排斥，以致影响到整个团队的士气。**中国的足球、篮球甚至排球之所以屡战不利，就和B型人性格中不善协作、各行其是的秉性有关。这和A型化的日本队形成了鲜明的对照。**

虽然，作为个人，B型领导做劳模的情况并不少见，但在需要整体协作的工作中，他们却时常有些力不从心。似乎他们总是抱有这样的一种心态："大家一起干，无法凸现我的才能，而且干多干少都一样，不会多挣一分钱。"于是，团队协作中一向能干的B型领导就变得懈怠起来，甚至尽可能地推诿责任，拈轻怕重。此外，公私不分的B型领导，有时也爱占些小便宜，而对公家的东西却不懂得珍惜。尤其是在国有企业当中，这些现象就更

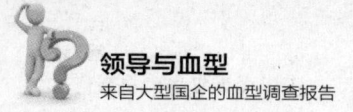

加多见。

所以，中国的改革，从某种意义上讲，就是要改掉B型性格中的不协作色彩。如果说"一大二公"的年代，他们可以为自己的不协作不付出太多代价的话（事实上，作为整体都付出了沉重的代价），那么随着现代企业制度的建立，B型领导的这种不善协作将不利于他们进一步的发展。

如果B型领导想成为团队中的一员，就必须学会与人协作。有条件的话，B型领导应该去体验一下军旅生活，那是最能造就协作精神的地方。如果每个B型领导都能以军人的标准严格要求自己，履行更多的责任和义务，而不是光想着报酬和利益，那么就能够赢得其他成员的信赖和尊重。

3. 要有个性

无论作为个人性格还是一个民族特性，B型特征都比较缺乏个性力。正因为如此，他们才更欣赏有个性的事物。虽然，有的B型领导也有我行我素的一面，但这并非真正意义上的个性，反倒是缺乏个性的表现。上大学的时候，我经常看到这样一些B型同学，他们来自贫困山区，但在服饰打扮上却常常西装革履、油头粉面。对于他们的模仿力和适应力，我佩服得五体投地；但对他们的这种"个性"，我却不敢恭维。因为在我看来，模仿就是在抹杀个性。后来，我还造访过B型人比例较大的吕梁山区（历史上匈奴人迁入后的聚集地），结果惊讶地发现，那里的年轻人竟清一色的西服领带，在装扮上比城里人还城里人。这与B型性格中爱面子、重形象同时观念开放、与时俱进的特征有关。

第7章
不同血型领导的自我修炼

　　油头粉面，皮鞋锃亮，西装革履，一般留长发，这是在上大学时来自偏远地区的B型同学留给我的印象。在国企中，从每年新来的大学生里，我们也能看到很多这样的B型人，他们非常注重形象。很多B型领导都有类似的癖好，例如喜欢用崭新雪白的毛巾擦皮鞋。当注重表面的东西成为一种性格时，他们在工作中也常常在意表面的东西或擅长做表面文章。

　　那么什么才是真正的个性呢？个性首先是本色的，也只有本色的才是美丽的。可是具有随大流倾向的B型领导，大多都背离了原有的本色，成为世俗眼光的俘虏。

　　看来，B型领导若要有个性，就必须从世俗的羁縻中解脱出来，返璞归真；那种死要面子的阿Q遗风应断然摒弃。不以物喜，不以己悲，凡事顺其自然，方是B型领导的个性所在。

4. 要有创造力

B型领导常被人认为是不拘泥于固有的观念、思想活跃的人,事实上也的确如此。他们总是能够产生一些新的想法,而且很容易接受一些新的观念。但他们在把这些思想、观念付诸于实施或进一步改进方面,却不尽如人意。更多的时候,B型领导的创造力是停留在模仿、糅合的水平上。所以,经常会出现这种情况,B型领导能够很快掌握一门先进的管理理念,但应用时却并不成功,更别说超越了。

所谓的创造力,乃是创新理念和实践能力的有机结合,二者缺一不可。**不幸的是,不少B型领导在理论上颇有建树,但在实践应用方面却明显不足,经常出现理论与实践脱节的现象。**

事物从来都是有联系的,B型领导在创造力上的不足也不是一个孤立的问题。这和他们缺乏坚定性、协作性和个性有很大的关系。因为一个人若没有个性,也就不会有个性的思想以及敢为人先的行为;缺乏协作的话,也很难把知识转化为强大的生产力;加之没有坚定的信念和一往无前的执著,很多创新想法和成果最后都会功败垂成,所以,对B型领导来说,对综合能力尤其是实践能力的培养和加强是很重要的。

第4节 AB型领导的自我修炼

> AB型领导的缺点：性情急躁、忧郁伤感、爱发牢骚、求全责备、过于合理性、冷漠、韧性不足、推诿扯皮、和人有距离感等。

AB型领导要克服自身的缺点，应从以下几个方面着手。

1. 培养和锻炼意志力

AB型领导知识渊博，属于全能型人才，但有时会有些情绪急躁，缺乏从一而终的精神。或许和体质上的因素也有关，AB型领导做任何事情都不能倾尽全力，更不会将自己置于死地而后生。由于缺乏有始有终的精神，所以许多事情他们本来能够做得更好，可往往结果却很一般。

不仅如此，由于缺乏耐心，AB型领导做什么都不会很长久。他们总是时不时地想更换自己的职业、岗位。这样做虽然也不能说一定不好，但显然不利于在某一领域深入发展。何况，干好一件事情，不仅需要毅力，而且需要时间，而他们的许多事业尚没有完全展开，就已经结束了。

所以AB型领导要想在某一领域取得成功，就必须有耐心，

而且要抱定"不干出个名堂,决不罢休"的决心。如果AB型领导能够把自己全部的精力集中在某一项事业上,加上自身的聪明才智,那么就很容易成为"人中龙凤"。

2. 强化表现力

AB型领导富有协调性,这一特性使他们在社交方面总是得心应手。此外,他们非常敏感,很会察言观色,对不同的人,总是能够采用不同的社交方式。**比如,对于老实人,他们可以坦诚相待,毫不做作;对于诙谐的人,们又可以妙语连珠,谈笑风生;而对于不信任的人,他们还可以提高警惕,亲而不近。**总之,在社交中,他们往往能够很快进入角色,极少会陷入尴尬的情况。

但从气质上讲,AB型领导在待人处事方面并不是很积极,有时甚至于有回避的倾向。也正因为同样的原因,常和AB型领导打交道的人总会感觉他们有些"逢场作戏"的味道。

如果给人留下这样印象的话,AB型领导的表现力自然会大打折扣。别人会觉得AB型领导是在"处事",而非"处心"。所以,尽管AB型领导能够在复杂的人际关系中游刃有余,却未必能获得应有的人望。

对AB型领导来说,要想富有表现力,就必须首先对对方抱有积极的心态,要主动而不是被动地和对方交流。当然,要做到这些,不消除与外界的距离感是不行的,因为只有以参与者的身份进入角色,AB型领导的表现力才能更好地发挥出来。

3. 减少疏离感,学会融入群体中

由于对人持有距离感,故AB型领导在待人接物方面总是有

第7章
不同血型领导的自我修炼

所保留。在他们看来，凡事都应有个限度，他们宁愿保守一些，也不愿过犹不及。他们比较注重保护自己的个人隐私，总是不愿完全向别人打开心扉。不过为了寻求一种平衡，或者说为了不让人见外，他们常常会在言行上表现得很亲切。可至于他们心里究竟是怎么想的，那就不得而知了。

与感性而且时常会参与其中的B型人相比，AB型人是理性的旁观者。他们总是置身事外，与人保持距离，不爱拉帮结伙，不爱参与活动，喜欢独处远观。他们不愿赶时髦，也不会凑热闹，如围观交通事故等。可因为AB型人也具有一部分B型性格特质，所以他们其实还是很爱热闹的。尤其是退休或晚年时，他们常会出现在象棋、扑克摊旁，不过那个时候他们已不甘心做旁观者，而是决心参与其中了。

此外，AB型领导凡事追求合理，主张具体问题具体对待。所以，尽管他们时常也强调要坚定立场，可在实践中却另行其事。换句话说，他们在为人处世上有一定的灵活性。虽然，他们非常善于把握分寸，力求做到合理，但在别人看来，仍有"表里不一"之嫌。

如果AB型领导的合理性想法是出于利害关系考虑的话，更会让人觉得，他们不仅缺乏原则、立场，而且是在奉行机会主义，反而会带来更大的不公。

AB型人的合理主义思维正在给国企管理带来更多的混乱，尽管他们的初衷是为了追求合理或者改变不合理，但却未曾想过会因此带来更大的不合理。

AB型领导若想得到人们的尊重和信任，必须做到一以贯之，不要为了一时的合理而放弃了原则立场。另一方面，AB型领导应记住，虽然人是理性的动物，但仍需要感情的呵护，而合理的未必就是合情的，过于强调合理，反而会给人以冷漠之感，难于接近。

第8章

如何管理不同血型的员工

员工管理是企业管理中最基本的内容，也是企业管理的重点和难点。要真正把员工管理好，不仅要通过人性化的制度来规范他们的行为，更重要的是发挥他们的聪明才智，提高企业的效益。而要在管理中做到人性化和以人为本，就必须对员工性格有一个准确的把握。通过血型识别和性格把握，领导者就能在管理中因人而异，把合适的人用到合适的岗位上，真正做到人尽其才。

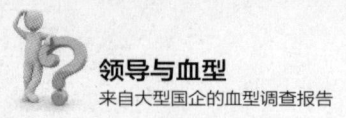

领导与血型
来自大型国企的血型调查报告

第 1 节 对O型员工的管理：激发他们的竞争意识

> O型员工的性格特点：胆大自信，敢作敢为，爱自我表现，豪爽开朗，行动力强，当仁不让，个人主义，团伙意识较强，富有组织性、纪律性，原则性强，立场坚定，不怕得罪人，做人高调，责任心强，工作粗枝大叶，性子直易冲动，做事鲁莽，意志坚强，吃苦耐劳，出手快，独立工作能力强，善于抓重点，目的性强，更注重物质利益，能说会道，好与人争执，不记仇等。

O型员工生性好强，在工作中自我主张强烈，敢说敢干，不怕得罪人。因此，懦弱无能的领导常常会招致O型人的不满，甚至坚决抵制。一旦在O型员工中失去了威信，领导手中的权力将变得有名无实，工作更是无从展开。所以，作为O型员工的上级首先必须有能力，同时在作风上还要足够强硬，这样注重力量对比的O型员工才会有所示弱，领导的权威才能树立起来。O型人如果认为领导能力强，他们自然会认清自己的位置，并能服从领导，努力开展工作。

他们是直性子，不论是善意的还是恶意的，都会把自己的想

第8章
如何管理不同血型的员工

法表达出来,有时很可能不顾忌领导者的感受。这难免会让人感到O型人不好相处、太过个人主义。不过他们做事情一般是光明正大的,不会从背后算计人;而且他们的情绪来得快去得也快,即使发生不愉快很快也会过去。他们的正义感很强,如果作为领导有不正之风,即使这个领导对他们很好,他们也可能将其所作所为和盘托出。

O型人的目的性很强,做什么都爱为自己确立一个目标。因为只有目标明确的工作,才能激发起他们的工作热情,并最大限度地发挥他们的能力,否则他们会变得无所适从。作为领导者要为他们不断设立目标,以此不断激发他们的斗志,并最终圆满完成工作。和对付B型人一样,适当的赞美和褒奖对O型人来说也是非常必要的,这会进一步增进其对工作的信心。**此外,作为领导要注意,有些O型人有为实现目的不择手段的倾向,这些手段可能是不正当甚至违法的,所以在注重工作结果的同时,也要关注他们工作的过程,发现问题及时纠偏,以免因过程的疏忽导致工作上的重大失误。**

O型人的竞争意识很强,甚至会把竞争对手当作敌人看待,不分出高下绝不罢休。掌握了O型人的这一特点,领导就可以通过让他们和某些人保持敌对关系来激发他们的斗志。对于争强好胜的O型人来说,创造一个竞争的工作环境,远比单方面的鼓励管用得多。

强烈的竞争意识必然导致强烈的敌我意识,加之O型人的团伙意识很强,故在工作中很容易拉帮结派、党同伐异,形成宗派主义作风。对于敌人和朋友,他们会以两种迥然不同的方式去对待。O型人对于自己的同伴会表现出兄弟般的情义,而且不惜祖

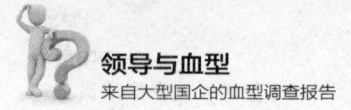

护或替同伴承担责任；一旦认为对方是同伴，他们就会完全相信那个人，并为其尽心尽力、赴汤蹈火在所不辞；如果是上下级关系，那他们就会变成一个好的随从，鞍前马后、恪尽职守。可见，如果领导让他们有了伙伴意识，成为他们中的一员，则管理他们时将变得更加得心应手。

争强好胜的性格加上直线性的思维，让O型运动员经常会在情急之下表现失态。速滑道上失利的选手不由自主地拉扯旁边的运动员，是一种典型的濒临失败的O型人情不自禁的举动。在生活中，一些O型人为达到目的不择手段，其实与这种心理是一脉相承的。

O型人的耐受性较强，通常情况下能够接受和忍受严厉的批评。但这种严厉的批评必须是一视同仁的，不可有所偏袒。同时也要注意，斥责O型人最好在人少的情况下，否则很可能让他们恼羞成怒、愤而反击。没有第三者在场，再严厉的斥责他们一般也会默然接受。实践证明，严厉的斥责对O型人是比较管用的，他们会因此接受教训，不再重犯同样的错误。当然，能心平气和地把利害关系讲清楚，再鼓励他们几句，然后向他们说：期待他们的成果，则明事理的O型人也会反省自己的过错，并以实际行动做出积极回答。

和B型人相反，O型人的知识面较窄，这使他们不太适合从事综合性很强的工作，但他们对专业性知识的掌握相当牢靠，并且有很强的学习深造意愿。在指派O型人工作时，要正确判断出他们的能力范围，尽量做到专业与岗位对口，适才而用，扬长避短，如此才能更好地发挥出O型员工的才干。对于O型人可以胜任的工作，不必给予过细的指示，这样反而可以让他们更自由地发挥。

O型人有以自我为中心的倾向，不善与人协作，更乐于从事独当一面的工作，而且他们单兵作战能力很强，个人工作效率高。如果领导者能够将独立性强的工作交给他们，并放手、放心地让他们去做，就能充分发扬O型人的主人翁精神，更好地发挥出他们的创造性，起到事半功倍的效果。如果需要团队协作的话，应该让他们担当主管的角色，这样组织能力强的O型人也能把工作很好地完成。

O型员工适合的岗位和业务：产品加工、销售业务、检查考核、计划统计、党群工作、安全管理、质量管理、产品检验、设备维修等。

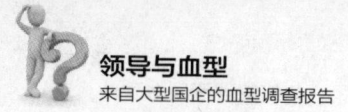
领导与血型
来自大型国企的血型调查报告

第 2 节　对A型员工的管理：
　　　　要充分信任和鼓励

> A型员工的性格特点：腼腆害羞，胆小怕事，好静善思，谦和忍让，善于协作，集体观念强，富有组织纪律性，遵章守纪，不爱钻制度空子，有牺牲精神，做人低调，不善应酬，不爱热闹，责任心强，工作认真细致，公私分明，立场坚定，应变能力差，出手慢，做事循规蹈矩，不善言谈，不爱争执，缺乏自信，吹毛求疵，爱钻牛角尖，有时感情用事。

A型员工生性内向，腼腆害羞，在工作中比较消极被动，很少与领导主动沟通，更少谈及工作以外的事情。作为领导必须体谅他们这种性格缺点，要主动与A型员工谈心和沟通，这样才能及时了解他们的看法，以保证安排给他们的工作能顺利展开。与A型员工进行谈话和沟通，能够消除他们对领导的恐慌心理，同时还可以让A型员工感受到上级对自己的重视，这样他们就会心存感激，一心扑在工作上。

A型员工责任感和使命感较强，所以在工作中很有责任心，只要领导安排了工作他们总能够自觉和提前完成。**他们是天生的完美主义者，表现在工作中就是认真细致，犯错误的几率较低。**

第8章
如何管理不同血型的员工

如果他们犯错的话，绝大多数也是因紧张或一时疏忽所致，并不是工作不认真的结果。 在这种情况下，领导者只要把错误指出来就可以了，因为对于反省意识强烈的A型员工而言，他们的自责远比领导的批评更能产生效果。

由于A型人的羞耻意识很强，所以对于他们的指责一定要掌握分寸，决不能出口成脏、大放厥词，否则会严重刺伤他们的自尊心，让他们破罐子破摔甚至自寻短见。

对于没有经验的工作，A型员工容易产生紧张和畏难情绪，所以领导应该更多地给予鼓励，要允许他们犯错误，让他们放开手脚去干，以消除他们的紧张心理，进入工作状态。

生活中的A型人也许没有多少知己，但在工作中倒也没有什么敌人。A型人所具有的大地般的忍耐力和水一样的适应性，能够让他们化解或摆脱不必要的矛盾和纠纷。 虽然，他们也时常受到无礼的攻击，但却能够退避忍让，尽量不因为个人的恩怨而影响团队协作。但A型员工的忍耐也是有底线的，一旦超过了底线，他们就可能猛烈地爆发出来。所以，作为领导者，对于A型员工的这种性格要有清醒的认识，对A型员工与其他同事之间的矛盾要及时调节，以免造成严重后果。

A型员工一般不会轻易吐露自己的不满，所以他们常常成为任劳任怨的典型。但实际上，他们是非常情绪化的人，也时常在私下里发牢骚，只是能够把这种情绪在领导面前隐藏起来，尽量不带到工作中而已。作为领导，可以通过其他员工间接了解A型员工的意愿和不满，找到原因，秉持公道，及时消除其不满的根源。

A型人总是希望得到团队肯定，甚至希望被认为是必要的

领导与血型
来自大型国企的血型调查报告

存在。否则,他们会变得很消极,并对工作失去兴趣和信心。如果身为领导者不能认识到他们的这种诉求,不去肯定他们的成绩,而漠然视之,会比批评他们更让他们受伤。这时的A型人也许仍旧会默不作声地工作,而且仍旧精益求精,但这不是A型人的积极性使然,而是他们的责任感和完美作风所致。从长远看,A型员工的消极、失望情绪终究会影响到团体的效率和士气。

A型员工有高度的社会责任感,而且本身正直诚实,所以他们对领导品行的要求较高。如果作为领导者不能正直诚实,不能提高自己的修养,将会失去A型员工的信任。这种情况下,他们将变得阳奉阴违,而不会死心塌地辅助领导。

从性格的职业适应性来看,A型员工最擅长需要细致和协作的工作,而且工作节拍要慢,这是一个英明的领导者应该注意到的。如果把A型员工安排到与他们性格不相适应的岗位,尤其是让他们从事需要应变力、反应快的业务,很可能产生事倍功半的效果;同时他们的社交能力较差,不善言谈,让他们从事迎来送往的接洽、招待业务也有些勉为其难。

A型员工的思维方式是递进式的,这决定了他们只有做好一件事情才能再做另一件事情,眼前的事没做好就不愿再做下一件。因此,领导在给他们布置任务时,最好不要同时安排几个,否则会让他们无所适从。他们对工作中途的变化很难随机应变,如果中途改变命令或指示会让他们感到混乱和苦恼。他们对新工作的适应性远不如其他血型的人,但熟练之后就会做得很好。

第8章
如何管理不同血型的员工

　　A型人的精神体验是复杂的，在工作中常常难以应对和处理复杂的信息，尤其不擅长同时做好几件事情。他们的逻辑性很强，一根筋，最好让他们干完一件事情再给他们安排下一件。

> **A型员工适合的岗位和业务：** 制度建设、方案设计、课题研究、安全管理、质量管理、产品检验、产品加工、设备维修等。

领导与血型
来自大型国企的血型调查报告

第3节 对B型员工的管理：不要限制太死

> B型员工的性格特点：活泼开朗，风趣幽默，能说会道，灵活善变，头脑聪明，足智多谋，有眼色，善于交际，待人平等，心直口快，观点中庸，立场不坚定，原则性差，随大流，左右逢源，人情味浓，乐于助人，公私不分，有占小便宜倾向，善于察言观色，懒散拖沓，接受能力强，干活快且有窍门。

B型人考虑问题全面周到，因此在工作中一般不会出现大的失误；而且，工作越杂乱反而越不容易出错。**换句话说，他们可以卓有成效地同时做几件事情，反倒是做一件事情可能因为漫不经心而出现纰漏；好在他们反应迅速、善于变通，往往能够及时补救所犯错误。**鉴于B型员工的上述特点，领导者不妨给他们安排一些比较杂乱的工作，他们最擅长从事秘书、劳资员、营销、业务招待之类的岗位。

B型员工不像A型员工那样对周围的人和事敏感，他们比较缺乏戒心，和任何人都能友好相处、打成一片。这使他们在国企的朋友很多，形成了发达的人脉网，为他们顺利开展工作带来了极大的便利。在国企。和领导打交道往往是令一般员工最头痛的事情，B型员工则恰恰相反，他们非常喜欢和擅长与领导打交道。他们很会说话，能够在不惹人厌的情况下把很多棘手的事情圆满解决。对于领导不好出面的工作，B型员工出面往往能收到意想不到的效果。他们社交能力强，能说会道，而且具有无差别待人意识，善于听取不同的意见，让他们去基层调研都能引起他们兴趣。

他们是同向思维者，这决定了他们考虑问题时能够摆脱条条框框的束缚，萌发许多奇思妙想，体现出一定的创新精神。领导者如果能有B型员工做参谋，很多难题都能够迎刃而解。除了擅长调节人际矛盾之外，感受性强的B型员工也非常善于解决产品技术问题，他们不仅能够很快找到产品问题所在，而且办法巧、点子多，往往能够用简单的办法化解复杂的难题，为企业创造出更多的经济效益。在国企技术骨干中，B型人常常占有相当的比例。

对于事物的黑白界线，B型员工也不是那么分明，并不表现出明显的好恶感，这使他们具有无差别待人的倾向，好像和什么人都能合得来。这使得B型人客观上充当了领导的耳目，领导可以通过他们收集到许多有价值的情报。同时，心直口快的B型人难免言多必失，领导自身的问题也很可能通过B型员工而广为人知。所以，领导要在B型员工面前有所忌口，以免搞得自己的小道消息尽人皆知。

B型员工有时不按常理出牌，并因此表现得我行我素，同时还有变化无常的一面。这使得他们缺乏团队精神，不善协作，属于比较难以相处的人。但他们单兵作战能力很强，领导不妨把独立性较强的任务分派给他们，这样既不影响团队的士气，还能提升整体工作效率。

对于不感兴趣的事物，B型人似乎不会把它当作是应尽的义务，当然也就不会全身心地投入。一旦对工作失去兴趣，那种不愿意的神情马上就会溢于言表。因为对工作没有兴趣而跳槽、改行的B型人不乏其人。如果B型人对工作有了兴趣，作为领导就应激发他们的干劲。大多数B型人对自己的能力都很有信心，爱动脑筋、好找窍门的B型人总是能够以较小的投入取得较大的成绩。如果他们有缺点，作为领导就应明确地指出来。B型人属于乐天派，即使精神上受了创伤也能很快恢复过来，对他们加以严厉的指责也无太大关系。有些时候，你跟他们和颜悦色地谈话，他们反而不会理睬、置若罔闻。不过，这种严厉要以事实为依据，并讲明事态的严重性。

工作上，对理解能力强的B型人只要交代一个大概即可，而且也可以在工作进行时，予以适当的指示和修改。如果一开始就把他们规定得太死，反而会束缚他们的活力，并让他们感到畏缩和沮丧，不能正常挥他们的能力。**但也不能对其放任自流。治沙的最好办法不是修筑、堤坝，而是植树造林。作为管理者就应像树木一样，既有柔性也有刚性，刚柔并济、恩威并重是管理B型人的上上之策。**

此外，B型员工有些公私不分的倾向，在他们身上可能发生利用职务之便占小便宜的情况。作为领导应当对此有所警觉，涉及办公用品领用或库房管理的岗位最好不要任用B型人。在考勤管理上，实施指纹打卡是有效防范一些爱钻空子的B型员工投机取巧的好办法。

第8章
如何管理不同血型的员工

知道了B型人怎么管,就知道了中国人该怎么管。"一管就死,一放就乱"是中国式管理的悖论,对于中庸的B型人来说,管和放都是一种极端的选择,很难对他们起到作用。"文武之道,一张一弛",对于灵活善变但重感情的B型人来说,恩威并重、软硬兼施就会收到意想不到的效果。他们非常要面子,即便是碍于情面也会表现得中规中矩。

> B型员工适合的岗位和业务:广告策划、(行政)秘书、业务招待、产品销售、法律顾问、物资采购、质量管理(软件设计)、产品加工、设备维修、党群工作等。

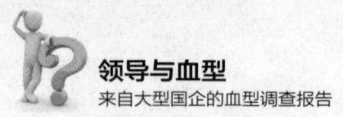
领导与血型
来自大型国企的血型调查报告

第 4 节 对AB型员工的管理：发挥他们的优势

> AB型员工的性格特点：性情急躁、忧郁伤感、爱发牢骚、待人冷漠、比较孤立、原则性强、不爱传话、疑心重、韧性不足、沉稳冷静、作风严谨、爱挖苦人、追求合理、勤俭节约、保守含蓄、胆小内敛、与人有距离感、不愿主动和人打招呼、深谋远虑、亲切热心、善于协调、勤快、工作效率高等。

AB型人的思想和行为具有合理性倾向，对客观事物有理性的批判精神，凡事追求公正合理，这使得他们像A型人一样对官场中的一些不良现象深恶痛绝，表现在工作中就是爱发牢骚。不过牢骚归牢骚，他们理性的一面决定了最终会向现实妥协，并不会让情绪影响工作。**总的来说，他们还是比较保守且稳定的，即使在国企非常不景气的年代，他们中的多数人也还是坚持了过来，在W集团最近几年提拔的年轻领导当中很多就是从困难时期走过来的AB型人。**

他们讨厌那些纠缠不清的观点和做法，表现在工作中就是不愿意和别人搀乎在一起，会很明确地把自己的工作划分出来，并尽可能地独立完成。因此，领导最好给AB型人安排独立性比较强的工作，并且要职责明确、讲明细节。否则AB型人很可能只做自己分内工作，对于模棱两可或没有明确示意的工作很可能不闻不问，这实质上就是所谓的本位主义。同时，他们通常也不会主动插手别人的事情，但是如果他们的工作受到干扰和侵犯，就会暴跳如雷，表现出无法容忍的一面。AB型人对自己和别人之间的界线很清楚，但并不表示他们无情，只要有人求他们，他们一般不会拒绝，甚至与己利益不相关的事，也会心甘情愿地替别人奔走。

AB型人的思辨能力较强，即使那些看似行动迟缓的AB型人在口才方面也具有相当优势。在工作中如果和AB型人发生争辩，往往很难抓住他们语言上的漏洞，即使是理亏的情势下，他们依然能够为自己进行巧妙的辩解，并呈现出常有理的倾向。国企部门之间的扯皮，多与AB型人这种自圆其说能力过强有关。和B型人相似，他们具有很优越的平衡感，做什么都很在行，而且能够面面俱到、不出差错，安排他们在秘书和后勤主管的位子上最适合不过了。**因为他们天生具有勤俭节约的倾向，在工作中公私比较分明。所以，他们通常不会利用手中的资源铺张浪费，更少会出现资产流失的情况。**

他们较为缺乏忍耐力，对于不合理、不公平的事情总想一吐为快。很多情况下，AB型人辞职另谋他处都是因为所在的人文环境不适合他们才能的发挥和感情的舒展。要想管理好AB型人，仅仅重视他们是不够的，关键要构建起公平合理的制度平台。有公平合理的制度做保障，AB型人的工作积极性和聪明才智自然会很好地发挥出来。

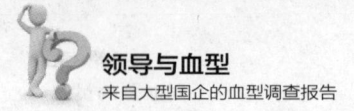

与内向的A型人相似，AB型人也常常出现忧郁伤感的倾向，所不同的是AB型人的忧郁伤感其实是一种自我反省的表现，或者说是对工作和生活的一种情绪调剂。之所以这么说，是因为AB型人的情绪转换较快，而且能够理性对待，不会让这种不好的情绪长久保持。不过，为了减少AB型人这种情绪对工作的影响，领导还是要积极地与他们交心，开导他们。而事实上他们在这个时候更希望与人进行心灵上的交流，有时候简短的几句话就会让他们的情绪发生大的改观。

用"晴天打伞，雨天晒被"来形容AB型人的怪异性格，可能是夸张了一些，不过他们确实有很多让人难以理解的地方。比如领导安排他们这样做，而且具体细节说得很清楚，他们却总是要自作主张地按他们认为更合理的方式去修正，而且还振振有词。

AB型人也有完美主义倾向，对领导布置的工作都能认真对待，不会敷衍了事；有时候对于自认为做得不太满意工作，还会出现自责的倾向。这可能也与他们的责任感较强有关。**但是在工作中，AB型人也有一个较大的缺点，就是爱自作主张，往往不会循规蹈矩地按领导的要求去做。在这方面他们更像B型人而有别于A型人；但又不完全像B型人那样耍小聪明，而是因为他们认为换种方式更加合理，而且能够达到同样的工作效果。**

针对AB型人的性格特点，有效任用他们的前提是把他们的工作范围划分清楚，而且不要多加干涉。他们对工作任务的理解很到位，甚至能够举一反三，除了创造性上有所欠缺外，一般工作都能够做到尽善尽美。AB型人比较孤僻，甚至因此而陷于孤立，但也正因为如此，他们有时更加关注团队对他们的态度和领导对他们工作能力的认可，希望自己能有所作为。所以，即使没安排给他们什么重要职位，也要让AB型人觉得他们是这个团体中不可缺少的一员。

工作对于AB型人没有合适和不合适之分，不管什么事情他们都能圆满地处理。尤其是人际关系工作和整理归纳各种不同意见的工作，他们更能出成绩。因为对事物要求其合理性并持有公正的看法，所以他们尤其适合做调解员或评比考核工作。同时，对状况和局面他们往往能够作出正确的判断和把握，对参谋工作也是非常胜任的。但要注意的是，AB型人在体质上容易感到疲倦，最好不要勉为其难，应给予适当的照顾。当然，对于一些好静不好动的AB型人而言，让他们多参加健身活动也是非常有必要的。

要斥责AB型人时，一定要把事情搞清楚，做到是非分明，这样他们会老老实实地接受。要避免对他们做情绪化的责备，因

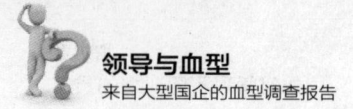

领导与血型
来自大型国企的血型调查报告

为AB型人也有因一时冲动而无法自制的倾向。这一点对于那些易冲动、发怒的上级来说,必须特别注意。此外,AB型人比较爱记仇,而且他们的记仇和其他三种血型的人有所不同,其他三种血型的人都可能随着时光的流逝而淡泊仇恨,而AB型人的仇恨则受理性支配而具有持久性。"君子报仇,十年不晚"就是对AB型人仇恨心理之外最到位的表述。领导如果在某些方面严重伤害了AB型人而又不能及时消除他们的恨意,难免会在将来的某一天遭致他们的报复。

> AB型员工适合的岗位和业务:方案设计、业务招待、秘书工作、劳资员、计划管理、库房管理、产品加工、设备维修等。

第9章

血型结构影响下的国企管理状态

本章从血型的视角，对国企现状及问题原因进行了深入探索，并就典型国企和典型民企的不同，进行了血型方面的原因剖析，从全新角度论述了国企和民企的差别根源。

第 1 节　石子、水、沙子、水泥与O型人、A型人、B型人、AB型人

混凝土是人类迄今为止发明的最常用且性能优异的建筑材料，它由四种基本的成分构成——石子、水、沙子和水泥，缺乏其中任何一种都无法形成混凝土。而且，四种成分的比例是否恰当对混凝土的质量、性能也有决定性的影响。

O型性格像石头

A型性格像水

B型性格像沙子

AB型性格像水泥

第9章
血型结构影响下的国企管理状态

石子坚硬、棱角分明,是构成混凝土的骨料,但过多也会影响到水泥、沙子的均匀渗透,形成空隙,降低混凝土的聚合力和严密性以及在此基础上的抗挤压力,进而影响到建筑物的承重能力。此外,石子过多会不易被水泥、沙子完全包裹而裸露在外,石子之间的缝隙容易被风化、侵蚀从而减少建筑物使用寿命;石子过少则会降低混凝土的硬度和承压能力,同样不利于工程安全。

水同样不能过多,过多会导致混凝土过稀,易走形,风干后变型严重,以此为浇筑材料将可能导致建筑物出现位移;水比例过大还会使混凝土内部形成气泡或水泡,造成混凝土内部材料不均匀,降低其抗挤压能力,影响工程质量。

沙子本身松散、散漫、互不粘连,缺乏凝聚力,过多会降低混凝土的粘合力和凝聚力,甚至对混凝土造成结构性的损害,导致混凝土强硬度降低,疏松,易散落。统计表明,绝大多数豆腐渣工程的罪魁祸首都是沙子比例过大的混凝土。而且沙子过多,建筑受风化侵蚀的速度就会加快,这会严重缩短建筑工程的寿命。

水泥胶黏性和包容性较好,但凝固风干比较干脆,缺乏韧性,遇热胀冷缩易开裂。水泥过多会导致混凝土形成裂缝,裂缝受风化侵蚀会分裂或脱落,形成建筑工程重大质量安全隐患;过少则无法有效黏合沙子和石子,导致混凝土质地酥松,易崩塌。

混凝土是由四种成分构成的,国企人员也是由四种血型构成的。如果我们将国企人的性格比作是混凝土,那么国企中的O型人、A型人、B型人和AB型人,就像是其中的石子、水、沙子和水泥。而且,他们在特性上也有很多相似或一致之处。比如,O

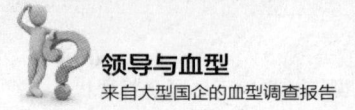

领导与血型
来自大型国企的血型调查报告

型人给人的感觉是棱角分明、个性十足、冷酷强硬、性情刚烈，石子的特征也是棱角分明，冷硬僵化。O型人情绪变化大，脾气大、易冲动，但来得快去得也快，石子本身热容小，热得快也冷得快，变化较大；O型人是直肠子、实心眼、为人实在，石子也是里外一致，非常硬实。A型人性格比较温顺、柔和，水本身也是绵软、柔和的；A型人情绪稳定、不易冲动，属于慢热型，水本身的热容较高，也属慢热型，受天气影响较小，水温比较稳定。此外，A型人比较单纯、诚实、善于传承，这与水的纯净、表里如一、源远流长也是一致的。B型人的性格与沙子的特性更加吻合。B型人比较自由散漫，组织纪律性差，好我行我素，沙子的特性也是比较散漫、难以聚团、随物赋形；B型人灵活善变、善于抓机会、钻空子，沙子本身也是散漫无形，无孔不入。AB型人让人感觉捉摸不定，水泥给人的手感也是捉摸不定。AB型人的思维随着意识的积累会越来越理性和僵化，水泥随着潮气的加重也会越来越坚固、僵硬；AB型人在性格上兼有A型人的绵软和B型人的散漫，水泥则兼有水的柔软性、流动性，也有沙子的散漫性、包容性。

　　正如混凝土中的四种成分的比例会影响甚至决定混凝土本身的质量、性能一样，四种血型性格力量对比也会对国企人的性格倾向产生重大影响。 与发达国家企业相比，中国绝大多数国企中B型人比例偏大；即使是与国内大多数民营企业相比，B型人和AB型人的比例也要略高一些。这就使得国企人的性格普遍呈现出一种偏B型化的倾向。B型性格与沙子的特性相似，正如混凝土中沙子比例过大，可能影响混凝土的凝聚力和强度一样，国企中B型人比例过大（或B型化倾向

第9章
血型结构影响下的国企管理状态

较重）也会影响到国企内部的凝聚力和团队精神，这也是为什么国企比起民企，尤其是比起欧美企业来说更缺乏协作意识和团队精神的一个重要原因。此外，与民企或欧美企业相比，AB型员工比例较高也是国企的一大特点。AB型性格与水泥特性相似，正如混凝土中水泥比例过大会导致混凝土僵硬、易开裂一样，AB型人过多同样可能导致国企管控过严、僵化，尤其是AB型老总喜好"一竿子插到底"的管理方式，不愿下放管理权和经营自主权，就很容易形成国企"一统就死"的僵硬、缺乏活力的管理状态。

基于中国人血型分布的客观现状，可以通过对国企领导者的血型进行战术性调整来在一定程度上改善国企管理的现状。这是因为，影响国企管理水平的除了国企全员的血型构成之外，领导团队血型构成尤其是老总的血型也是相当重要的。事实上，在一把手举足轻重的国企，老总的血型性格及思维方式，对企业管理理念及管理方式、管理风格的形成有着重大的影响。如果领导团队的血型构成优化，岗位血型配置合理，就可以在很大程度上矫正或扭转国企人性格B型化倾向。而且B型员工群体本身的可塑性很强，又有随大流的倾向，如果领导团队能在老总的引领下形成良好的"风头"，B型员工群体自然会"随波逐流"，向着更好的方面自我修炼，这样就会在整个企业形成良好的工作作风，整个国企管理面貌也能为之一新。

领导与血型
来自大型国企的血型调查报告

第2节 AB型人、B型人主导的企业管理风格

西方社会中A型人、O型人占主导地位,而中国社会的B型人和AB型人比例较大。单从静态影响考量,这两种血型对中国国民性格的影响不可小视。从动态的角度看,中国历史上几乎都是北方人在主导政治,而且移民的方向(常常伴随着征服)也是由北向南的,在政治气候的熏陶和人口扩散的影响下,B型化性格已经潜移默化到了全国人群。此外,由于三大血型即O型、B型、A型在我国的分布比例比较接近,任何一种血型性格力量都不能占据绝对优势,所以在三大血型性格之间,事实上就形成了一种相互制约、相互影响的博弈关系。这种博弈在漫长的历史时期,在客观上导致了中国人性格的AB型化(AB型恰恰也是由A、B、O三种血型抗原构成,在性格上也兼有三种血型的特点)。但由于B型性格的生存能力很强,因此在普通民众中的影响更加广泛。因而,中国人的性格更确切地说是AB偏B型。

有什么样的国民性格就会形成什么样的企业文化。国企作为典型的中国式企业形态,在管理风格上自然呈现出AB偏B型的色彩。表现在:既有AB型人的原则性和传统性,又有B型人的灵活性和与时俱进;既有AB型人的讲求实效、注重合理,又有B型人的爱要脸面、注重形式;既有AB型人的注重细节、讲求完美,又有B型人的差不多思想和通融迁就；既有AB型人决策上的反复无常，又有B型人做事上的虎头蛇尾；既有AB型人的追求公正客观，又有B型人的照顾人情关系；既有AB型人的严厉冷酷，又有B型人的宽容大度。比起O型性格主导的英美式企业管理文化和A型性格主导的德日式企业管理文化所具有的单纯性，AB偏B型主导的中国式企业管理文化似乎是两种性格求同存异的混合体。

与此同时，O型性格和A型性格也对中国企业管理文化的形成产生了一定的影响。如O型人的强加于人、唯我独尊、固执己见的性格造就了国企管理中"一把手说了算"的普遍倾向；A型人的等级意识和服从精神强化了国企中比较严重的等级观念。

几种血型性格因素交织在一起形成的企业文化，显然充满太多的变数和不确定性，并始终处于不稳定状态之中，缺乏一贯性。如果把英美管理模式称为O型模式，德日管理模式称为A型模式，那我们可以笼统地把中国企业的管理模式称为B型模式。**但实际情况要远比想象的复杂得多。中国式管理同时混合有三种血型性格的色彩，始终处于几种性格相互博弈和纠缠状态中，尤其是AB型性格和B型性格之间"既联合又斗争"的状态使得国企管理文化更多呈现出AB偏B型的色彩。**

同时，由于管理对象是B型化的员工群体，他们通常讨厌束缚，喜欢我行我素，但同时协调意识和自觉性较差，这在很大程度上造成了管理上"一统就死，一放就乱"尴尬局面。当AB型人掌权时，国企管理往往呈现出过于严厉的特点，热衷于对各个二级单位实行统管；当B型人掌权时，管理就会变得比较松懈，倾向于下放权力让二级单位自主经营。如果采取过于严密的AB型人统管方式，往往会束缚员工的积极性和创造性，最终导致企业创新不足而失去活力。但若像B型领导那样过于宽容和放权，往往又会导致二级单位各行其是，难以形成有效的团队协作，进而影响到企业整体利益。所以时至今日，统管还是放权仍旧是国企管理中一个令人头疼的战略难题，常常是"放"乱了就实行统管，"统"死了就实行放权，始终没有在"统"和"放"之间把握住一个绝佳的分寸。所以说，国企管理很大程度上还带有鲜明的人治色彩。

另一方面，国企人员血型构成与西方国家的巨大差异，决定了中国照搬西方的管理模式常常水土不服，甚至适得其反。尽管海尔的张瑞敏创立了一种"海尔"模式（倾向于英美模式的中间模式），但这种模式是建立在强者独裁和"离散天下人才以供一人驱使"的基础之上的，因此仅仅能够作为一种特殊存在，而不具有普遍推广的可行性。正如，不是所有的大学都可以成为北大、清华一样。

W集团作为具有代表性的大型国企，在公司管理风格上也明显地表现出AB偏B型的倾向。

这首先是因为W集团的总经理本身就是AB型人。在一把手说了算的国企，老总的思维方式和偏好会深深地影响到企业制度建设和日常管理，而老总本身的作风也会对其他领导干部产生一定的示范效应。比如，老总在工作中注重细节，在花钱上比较节俭，下级领导自然不会在工作上马虎粗糙，在花钱上也不敢大手大脚，并从整体上呈现出一种与AB型性格偏好相一致的企业风貌。

其次，领导干部中B型人的比例很大，而且AB型领导往往更喜欢B型下属。这可能是因为在气质上处于劣势的B型人对AB

型领导不具有威胁性，当然也和B型人会来事、懂得投其所好、不爱提反面意见有关。但由于B型人更注重人情关系，爱通融迁就，做事喜欢变通，常常虎头蛇尾，这使得AB型领导的很多想法和指示事实上并不能得到有力的贯彻，从而使企业管理带有比较明显的AB偏B型倾向。

此外，作为管理对象的员工群体中B型性格色彩相当浓厚：不喜被束缚，善于钻空子，上有政策、下有对策，善于和检查人员拉关系、套近乎，这使得制度很难得到有效的贯彻；同时检查监督人员B型化的程度也很深，在检查工作中比较缺乏原则性，碍于人情常常睁一只眼、闭一只眼，对违规行为通融迁就，这都助长了纪律涣散、懒散拖沓、违规操作、投机取巧等B型化倾向，进一步强化了企业管理中的AB偏B型的色彩。

表3 美、日、中人力资源管理模式对比表

美国式管理模式	相适应的O型性格	日本式管理模式	相适应的A型性格	中国式管理模式	相适应的AB偏B型性格
强调个人	个人主义	强调集团	集体主义	强调合理及关系	合理化、重人情
以任务为中心	强烈目的性	以员工为中心	重感情	以利益为中心	讲求实际
强调个人竞争	争强好胜	提倡内部合作	协作与忍让	注重平等、中庸	无差别待人
注重短期业绩考核	现实主义	注重长期业绩考核	理想主义	注重眼前业绩考核	实用主义、走一步看一步
重视显露的专长能力	做事抓重点	重视潜在的基础能力	综合素质	重视表面化能力	看重形式、面子

续表

美国式管理模式	相适应的O型性格	日本式管理模式	相适应的A型性格	中国式管理模式	相适应的AB偏B型性格
职务规定明确	直观和机械性思维	职务规定交叉	抽象和弹性思维	职务规定模糊	差不多、灵活、变通
优先使用权限	崇尚权威	优先使用协调	平易近人	同时使用权力和协调	刚柔相济
明确的控制	直观性、缺乏谦让	含蓄的控制	含蓄和害羞、谦让	恩威并重的控制	严厉且注重人情
依赖契约和规章制度	争强好胜、"恶"的制衡	重视心理契约	道德感、"善"的和谐	依赖人治	灵活多变、重人情关系

第9章
血型结构影响下的国企管理状态

第 3 节 "形式多了就是内容"：B型教官的名言

去年八月份W集团组织了第二届全员军训，我遇到的考官是B型人，他个子不高，说话风趣，一脸和善，军训中注重以人为本，讲究方式、方法。**但给我最深印象的还是他的一句名言："形式多了就是内容。"**这是他对军训本身最精辟的理解。单就军训而言，这句话并不为过，因为必要的站立、行走训练虽然表面上看是"走形式"，但反复强化足以培养起军人严明的组织性和纪律性，而对军人而言，组织性和纪律性可能就是最大的内容了。

但对于企业管理而言，形式多了究竟能不能造就内容则另当别论了。就拿W集团连续三年组织的军训来看，老总的初衷是好的，但实际效果并不明显，员工组织性和纪律性并未因此发生较大改观。这是因为军训时期正逢生产任务紧张时，员工们为完成任务经常是几班倒，几乎没有节假日，身体已经疲劳到了极限，对他们而言好好睡个觉要比起早贪黑的军训更加重要。但军训进一步剥夺了他们的休息权，这就使得员工从心底抵触军训。带着抵触心理去军训当然不会有好的效果。此外，由退伍转业军人担任的军训教官也没有额外的奖励，这在一个凡事都需要利益驱动的时代，显然无法调动他们的积极性；也许第一届军训还能让他们有一定的新鲜感

和自豪感,但第二届、第三届之后这些教官就懈怠了,开始漫不经心,应付了事。这样一来,军训的价值自然无从谈起,军训最终还是走了形式。

注重形式未必意味着没有内容,未必就是形式主义。尽管B型领导是最注重形象的(注重形式的一种表现),但对于有些事情或管理事项来说,形式多了确实就是内容!军训是最典型的例子,没有平时这种枯燥的军姿训练,是不可能锻炼出队伍令行禁止、步调一致的作风的。

在W集团,与军训类似的、带有一定形式主义色彩的事情还有许多。

1. 喜欢加班,工作时间不干活

AB型老总上台的几年间恰逢W集团快速发展之际,在如火如荼的生产形势下,生产单位加班已成为家常便饭。但对大多数职能部门来说,并不需要加班,仍旧执行着双休日制度。生产单位与职能部门这种强烈的反差让AB型老总颇为不满："啥时候了，哪还有礼拜天了！""晚上正点下班都是不正常的！"类似的训诫不绝于耳。那些善于逢迎的部门领导，自然会积极响应老总的要求，只是这种响应更多是形式上的。如有的领导晚上十点了还在办公室"加班"，但其实是在打游戏。

自从AB型老总提出"没有礼拜天"的理念后，W集团出现了一种怪现状，那就是正常工作时间（周一至周五）优哉游哉，下班后或周六日却忙碌不已。晚上灯火辉煌、周末忙忙碌碌在很长一段时间成为一景。不过这种情形一般出现在AB型老总坐镇的时候，如果他不在，十有八九晚上的办公楼漆黑一片，周末也无人加班。**真是"上有政策，下有对策"，这也难怪各部门领导搞形式了，因为强制不仅违背法律，更是违背人性的**。一段时间之后，AB型老总终于发现强制性加班执行不下去了，转而强调"要让大家有礼拜天，不要把平时该做的工作拖到下班后做"。在国企，形式主义很大程度上就是由于企业老总一厢情愿地坚持贯彻某些不切实际的想法造成的。

2. 签订经济运行责任书

签订经济运行责任书是国企实现生产经营目标的一种有效形式，之所以有效，不在于责任书的内容是否科学、严谨，因为再科学、严谨的内容都是计划赶不上变化，而在于签定本身就具有一种无形的效力。通过郑重其事的签约仪式能够传递给签订者一个强烈的信号："签订了责任书，就意味着做了承诺。"这样就能产生一种无形的压力，从而促使其更好地完成生产任务。**可以说，签订责任书是一项"形式大于内容"的做**

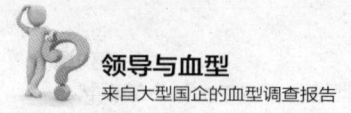

法，但又绝非毫无意义的形式主义。

很长一段时期里，我对此做法嗤之以鼻，认为是作秀。但后来发现，这种形式在国企是必不可少的，因为除此之外，尚未有一种更好的办法可以将年度经营指标有效落实到中层领导身上。毕竟，责任书的签订明确了中层领导的责任，而且可以为年终考核和责任追究的依据。

正因为如此，AB型老总不仅对责任书的签订形式比较重视，而且对责任书的指标内容更加关注，试图在形式与内容之间寻求平衡。这是AB型合理化思维所引发的求全责备心理的表现。为迎合老总的喜好，策划部编制的责任书越来越厚，以致发展到按月甚至旬来分解任务指标，并按节点进度进行考核，几乎与生产计划没有两样了。**表面上看，这种做法让管理精细化了，从逻辑上也是完全成立的，但对内容的过度关注和要求，实质上已经背离了签订责任书的初衷，而且在实践中也是行不通的。**因为计划永远赶不上变化，市场的情况是千变万化的，不用说按月考核无法执行，按季考核都存在变数。在这种情势下，只有按月调整指标方能保证指标的可行性和有效性，但这样频繁的调整不仅难以对生产经营起到促进作用，而且影响责任书本身的权威性，削弱了签订责任书原本能产生的激励效应。

出于精细化管理的诉求，关注责任书指标内容是可以理解的，但过度追求责任书指标内容的效力则理想化了。指标内容分解越细就越易与生产实际相脱节，最终不仅使责任书在形式上效力尽失，而且在内容上沦为了彻头彻尾的形式主义。

签订责任书本来就是形式大于内容的管理方式，而且形式本身就具有内容的效应，如果非要让内容与形式保持平衡，得到的结果往往是事与愿违。

3. 现场管理

现场管理对于中国企业而言始终都是一项薄弱环节，但相对于民企，国企的现场管理总的来说还算不错。一是因为国企本身就比较注重形象，对能够体现企业形象的现场管理当然不会过于粗放；二是国企经常会接受上级机关的检查、巡视，故对现场管理一直常抓不懈。

但现场管理水平不是一蹴而就的，很大程度上是由装备条件决定的。装备精良的企业现场管理水平（确切的说是视觉效果）通常就高，装备落后的企业现场管理水平通常较低。另外，现场管理的水平还与产品结构及技术要求密切相关，比如生产铸造产品的分厂现场管理总是要比生产机加产品的分厂要差一些。**在现场管理中，如果不考虑企业生产的具体状况，而是一味照搬统一的现场管理标准，不仅起不到现场管理促进生产的作用，而且会严重制约和影响生产的顺利进行。**

在按照上级机关要求全面推行"现场管理44条"的那几年里，W集团的现场管理工作就曾出现过问题。为达到现场管理的标准要求，W集团不区分各分厂的具体装备条件，不考虑产品技术及要求，一味生硬地强制执行"现场管理44条"，结果给本来就紧张的生产火上浇油，同时增加了各生产单位的负担，在领导和员工中引起了强烈的抵触情绪，现场管理的推行遇到了空前的阻力。在"生产第一"的经营理念下，老总最终还是放弃了对现场管理的苛求，要求现场管理在与生产发生矛盾时优先考虑生产。这样一来，现场管理工作就呈现出时紧时松的状态，只是在

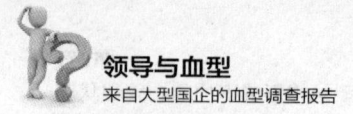

领导与血型
来自大型国企的血型调查报告

上级机关检查时紧一紧,平时则睁一只眼、闭一只眼。在这种情况下,现场管理实际上与生产形成了"两张皮",最终沦为了彻头彻尾的形式主义。

4. 环境建设就是生产力

"有粉先往脸上抹"是一种典型的B型化中国人的思维和处事逻辑,引申理解就是:有了钱要先注重脸面装扮。在B型人居多的北方农村,房子不仅要水泥抹面,还要刷涂料或贴瓷砖,很少有O型人为主的南方那样的"裸房"。这种"宁要屋里寒酸也要外表光鲜"的做法就是"有粉先往脸上抹"的真实写照。

为什么"有粉先往脸上抹"呢?因为中国人要面子,不愿让外人笑话,想让外人认可和高看。在"以表证实、以名求实"的中国社会,"有粉先往脸上抹"的做法确有其存在的合理性和可行性,它可以在实力有限的条件下快速提升自己的社会形象。

正因为如此,改制国企在效益好转之后普遍热衷于搞环境建设,因为环境建设代表着企业形象,体现着企业的实力。环境建设一流,容易赢得外界的认可和高看甚至信赖。**在中国,环境建设水平有时还会影响国家政策的支持、银行贷款的难易,甚至商贸往来的成败**。对于环境建设的重要性,AB型老总有句经典的概括:"环境建设也是生产力!"在这一理念的指引下,W集团从2003年开始了大规模的建设,短短一两年时间,公司的面貌就发生了翻天覆地的变化,一个园林式企业呈现在世人面前。"栽下梧桐树,引得凤凰来",企业知名度随之扩大,国内外客商纷至沓来,同时也赢得了政府高层的关注,二次债转股、二次融资工作顺利完成,公司经济进入了一个快速发展时期,产值效益连

第9章
血型结构影响下的国企管理状态

年翻番,"环境建设也是生产力"得到了有力的诠释与解读。

改制后的国企,普遍热衷于搞门面工程、形象工程,因为在中国这个以表证实的社会里,人们看待事物总是习惯于由表及里。一个企业如果门面不错,客户和官员们就会认为其很有实力,敢于进行合作或给予政策上的支持。而实际上,很多企业光鲜外表之下并无真正的实力支撑。对于刚有所起色的国企而言,得人心比装门面更重要。

但在"有粉先往脸上抹"的效果达到之后,下一步理应考虑提高广大员工的工资福利事宜,因为环境建设的资金是员工创造的,员工为环境建设做出了巨大的贡献和牺牲,所以对于环境建设带来的效益(其中主要部分还是员工用劳动创造出来的)应

该让广大员工更多地分享。但实际情况是，2005年以后的几年里，W集团中层领导的年薪至少翻了一倍，而广大员工的工资（以年计）增长却非常缓慢。随着领导和员工的收入差距不断拉大，员工的不满情绪也与日俱增，工作积极性、主动性也不断下降，有些人开始消极怠工、得过且过，对为之奋斗过的企业失去了感情。

"人是生产力中最积极、最活跃，最具有决定性的因素！"**如果人出现了问题，员工不再有工作积极性、主动性，那再好的环境、再好的装备也难以发挥出应有的效应**。诚然，环境建设是生产力，但环境建设只有依托广大员工才能真正转化为生产力，失去了员工的支持，仅靠领导团队少数人的力量，企业是难以做大做强的。

所以，企业在经济效益好转之后，一定不要忘记为环境建设做出巨大贡献和牺牲的广大员工，要及时提高他们的工资福利，只有如此，一流的企业才不至于徒有其表，也才能进一步激发员工主人翁的责任感和自豪感以及工作热情，使企业的发展与繁荣获得持久的动力和有力的保障。

5. 早操

一开始我对早操的态度也和许多人一样，认为它占用了劳动者的休息时间，首先是违法的，其次是没效果的，所以偶尔也会偷懒不去做。实际上，甚至一些领导也是一有机会就不去做操。

为了让早操能够作为一项制度坚持下去，AB型老总经常在各种场合强调其重要性，尤其强调领导必须带头做操，并将单位的早操效果看作是评价领导能力的一个标准。此外，老总还专门成立了早操检查组，定期不定期进行检查，而他自己一有时间也会亲临现场巡查、督导。

虽然，在一段时间内早操执行情况曾出现过反复，但总的来说，人们还是逐渐养成了做早操的习惯。几年下来，包括我在内的许多员工都对做早操都有了一个大的认识转变，不再简单地理解为侵占员工休息时间了。对于缺乏活动的职能部门员工而言，十几分钟的早操的确有益于他们的健康。如今，即便是那些曾经爱钻空子不做操的人，也在大家的影响下加入了做早操的行列。**形式多了就是内容，早操制度就是如此，表面上看有如军训，但与军训的偶然性不同，早操本身具有一贯性，所以持之以恒地坚持下来，形式还真能产生内容，机关病在一定程度上得到缓解，人们工作的精神状态也好多了。**

6. 工作汇报

作为文山会海之一的工作汇报是国企常见的沟通形式。对于W集团而言，汇报不只是简单的沟通，还是中层领导向老总展示成绩的一次机会。具有求全责备倾向的AB型老总对汇报的形式及效果十分在意，在他看来，一个连汇报都做不好的领导是不称职的。所以，即便是平时成绩平平的领导都会在汇报材料的准备上下大工夫。为了避免在汇报中让AB型老总发现问题、抓住把柄，几乎所有的领导都非常注意把握汇报的分寸、尽量多谈成绩、少说问题，并极尽避重就轻之能事。**工作是汇报出来的，虽说这么说有些夸张，但在国企的确是一种真实的存在。**

通过五六年的旁听和观察，我发现，仅就形式和表述而言，工作汇报做得最好的当属B型领导和AB型领导。B型领导比较善

领导与血型
来自大型国企的血型调查报告

于联系,能够将本不重要的工作说得很重要,而且振振有词、头头是道,一项工作可以掰成两半说。比如合同信息化管理这项工作,在合同管理内容里可以描述,在信息化管理工作中也可以重提。这样一来,即便是无所事事的部门也能把工作说得很饱满,在不知情者听起来就很有工作量了。而且在自己工作量不大的情况下,B型领导还善于把其他单位的工作拿来作为自己的一部分去汇报,比如在策划部B型领导的经济活动分析汇报中,生产部的品种产量、计划部的项目进度、财务部的财务指标报表,汇总到一起就成为其工作的一部分了。**该B型领导还振振有词地说:他们是专业汇报,我们是综合汇报,高度不一样。**有一次汇报中场休息时,几个O型和A型领导开玩笑地对AB型老总说道:"××(B型经理)把我们的东西都汇报了,我们汇报啥呀?"AB型老总笑道:"他不汇报这,汇报啥呀?"说罢大家哈哈大笑。B型领导作汇报时非常谨慎小心,而且过于关注行间距、半角全角、标点符号等细节,但也正因过于专注形式,重要的内容往往忽视了,反而容易在内容方面出现低级失误。

真正高水平的汇报是AB型领导做的,且最符合AB型老总的喜好。**AB型领导的汇报独特之处在于,不仅全面周到,而且深入细致,最过人之处在于汇报的"度"掌握得非常好,让人听得虽然有点烦但是还愿意听下去。**在汇报中,对于非重点的地方他们不会一带而过,对于重点的地方则点到为止,非常在意保持汇报结构上的平衡。听过他们汇报的人普遍会有这样一种感觉:普通工作在他们做来也能出成绩、见水平,而做得很好的地方他们汇报时又不过分自夸。与此同时,他们的语速、语气、语音配合得也非常到位,因此进一步增强了工作汇报的感染力。当然,

第9章
血型结构影响下的国企管理状态

AB型领导汇报出色还有一个重要原因，就是对汇报材料的准备非常认真和充分，也可能是因为不放心吧，很多时候他们都是自己动手编写材料，不像其他领导多依赖下属的准备，这当然就更能保证汇报的水平了。

诚然，在国企管理中，工作汇报形式主义的味道浓一些，而且大多数领导都爱在汇报中报喜不报忧，有意掩饰问题、放大成绩。但工作汇报不能简单地看作是形式主义，正如AB型老总所言："汇报得好都是干出来的，不是说出来的，如果工作真正做到那个份上了，汇报自然是有内容的，是有血有肉的！"这就是AB型老总的高明之处吧。

7. 正月十五闹红火

每年的正月十五W集团都要闹红火，作为一种传统延续已久。最近几年，在企业文化热兴起之后，正月十五闹红火也被赋予了文化的内涵，成为企业文化的一部分，同时也是展示企业文化的一个窗口。正因为如此，AB型老总上台之后一直非常关注正月十五的闹红火，并为之投入大量人力、物力和财力。但由于用人不当、组织不力，加之人们参与的积极性和热情越来越低，红火闹得越来越差，几乎完全成为了"走过场、走形式"。

一个很明显的对照是，以往游街表演的队伍往往会从出发处一直表演到终点，期间队伍中的小丑们非常活跃，时常会挑逗围观的孩子们，营造出一种非常有趣的气氛。而如今，同样的节目、同样的队伍，却再也没有昔日的效果，游街表演的队伍虽然规模更大、队伍更长，但是除了在出发点和终结点认真表演一番外，中间二三里路几乎是走过来的。**没有了看头当然就没有内容**

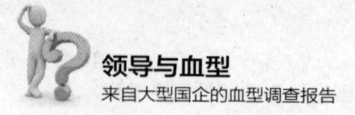

了，说它是"走过场、走形式"真是恰如其分。**连看热闹的人都变得稀稀拉拉的了。**

正月十五花灯展，也是闹红火的一个重要组成部分。但现在的花灯展不仅内容匮乏，而且形式也越来越单一。因为现在人们越来越懒散了，大部分灯笼都是从市场上买的，所以显得千篇一律、缺乏个性。另外，一走过门脸，灯就越来越稀疏、越来越单调了，看灯的人也越来越少，而且多是象征性看一看，转一圈就走了，不愿再过多停留。灯展成了形式主义，连看灯的人也形式主义了。

8. 员工福利——米、面、油、鱼

年终末了，给员工发"米、面、油、鱼"是许多国企时至今日依旧保留的一项传统福利。随着员工收入的不断提高和食品种类的多样化，"米、面、油、鱼"作为一种福利越来越没有吸引力了，更多的是象征意义。民意调查显示，几乎一半以上的员工希望能将传统的福利项目货币化发放，因为那样更省事而且可以买自己喜欢的东西。这也其实与国家政策要求一致。**但W集团之所以迟迟没有施行，除了AB型老总比较恋旧之外，主要还是因为"米、面、油、鱼"的发放是一项最为直观的"形象工程"，最能博得外界的好评和其他行业员工的羡慕。**如果把这些东西转化成钱发放，很难引起外界的关注，而且发到员工手里的钱也没几个，同样很难指望员工领情。

对于老百姓而言，四大样虽然不多，但总比什么也不发强吧。一家几口都在公司上班的家庭，"米、面、油、鱼"甚至能吃到第二年福利发放时。那些住公寓的大学生，则大多选择了将这些东西低价转让。

不管怎么说，"米、面、油、鱼"既是一种形式，但还算有点内容吧。什么是企业文化？企业文化搞了这么多年，我尚未发现比年终发放"米、面、油、鱼"更能代表国企文化的东西了。

9. 检查考核

执行力匮乏是国企管理中普遍存在的一种现象，这在很大程度上是由检查考核乏力造成的。检查考核乏力又与国企注重人情关系的人文环境分不开，在这种环境下，检查考核不可避免地要受到人情关系的牵制而无法真正发生效力。如果检查考核部门的领导本身又是注重人情关系的人（通常为B型领导），那么检查考核的效力更会大打折扣，甚至可能使之流于形式。

W集团就是这样一种情况，不仅企业大环境B型性格色彩浓厚，普遍注重人情关系，而且主管检查考核的部门恰恰也是B型领导。**由于B型领导更加注重人情与关系，故在实施检查考核过程中，时常顾及人情而法外施恩，"人情大于法"的现象就是在这种情况下产生的**。在他担任领导的五六年里，不仅制度执行部门员工抱怨不已，被考核单位也是怨声载道。因为他时常向执行部门为和他关系硬的单位说情，有时甚至不与执行部门沟通就擅自减免处罚，时间一长搞得执行部门人员无所适从，不知道执行处罚还有没有意义。对于被处罚的单位而言，同样也不满意，因为他们发现，和他们存在类似问题的单位却"逍遥法外"，而本单位却时常成为受罚的典型（制度是给老实人制定的，检查考核再次说明了这一点）。被查单位的不满，B型领导当然心知肚明，他非常清楚把被查单位逼急了会有什么后果。但他的高明之处在于非常善于平衡与调和，对这些被罚

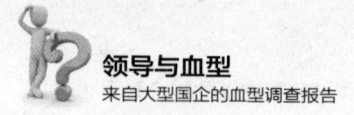

领导与血型
来自大型国企的血型调查报告

单位的处罚额非常小,更多是象征意义上的,这样即使他们有所不满也不至于向老总告状。如此一来,B型领导既对老总和外人有了交代(说明自己按规定进行了考核),又照顾了人情关系,而且还不会惹火烧身。但这么做,让检查考核成了花拳绣腿的形式、过场,无法起到应有的作用。

当时AB型老总专设企划部,就是想借此强化检查考核的效力,改变企业制度执行难和工作落实难的状况。但事与愿违,B型领导在执掌检查考核大权的几年里,一直纠缠在其编织的人情关系网中,检查考核的效力始终没有很好地发挥出来,执行力匮乏时至今日仍旧是困扰企业管理的一大难题。

注重人情的B型领导常常对受处罚单位擅加减免,如此做法不仅损害了考核的权威,也引起了最终受到处罚的单位的不满。长此以往,考核最终沦为形式主义,变得象征意义大于实际意义了。

第9章
血型结构影响下的国企管理状态

实际上，在企划部存在的三四年时间里，AB型老总曾不止一次地诫勉B型领导，要他好好带领下属干出一番成绩。B型领导也时常感受到"刀架在脖子上的寒意"，并如实把这种危机感讲给下属听，让下属努力工作，否则该部门有可能被撤销。但是在工作上下属没自主权，好的想法和做法都无法实现。而且，他本人也是说归说、做归做，最后仍是"外甥打灯笼——照旧"。由于检查考核工作没有起色，AB型老总终于对B型领导失去了信心，以年龄为由，让他结束了领导生涯。

10．签到

早在五六年前AB型老总就前瞻性地提出了要在办公大楼中建立集中打卡的大考勤制度。但是由于这一制度会严重损害投机钻营者的利益，所以许多人一直以种种理由反对，直到今天这项制度也没有建立起来。

也许是考虑到实施的技术难度，故AB型老总没有像对待早操那样强力推行大考勤，最后这一想法就不了了之了。**大考勤制度虽然没有建立起来，但在一些组织纪律性强的部门，尤其是O型领导主管的部门，出于加强管理的需要，已经着手对考勤方式进行了改进，如引入了指纹打卡等高科技手段。**但是在组织纪律性较涣散的部门，通常是B型领导主管的部门，大多数仍旧沿袭着传统的签到方式。这些部门之所以不愿改进，主要是领导本身就缺乏组织纪律性、爱投机取巧，生怕管人把自己也套住。这种签到的考勤方式人为性较强，补签、代签的现象时有发生，领导本身也时常补签，所以对员工的行为常常睁一只眼、闭一只眼。在实行签到考勤的部门，签到全然成了一种作秀的形式，几乎起不到什么作用。

领导与血型
来自大型国企的血型调查报告

第 4 节　O型人、A型人：维系国企有序运转的幕后英雄

　　O-A组合是世界上绝大多数民族主要的血型构成模式，尤其在欧洲、北美表现最为典型，这些地方也是当今世界最发达国家的集中所在地。进一步统计分析就会发现，在这些O、A血型为主的发达国家中，A型人比例越高的国家就越先进，不仅仅是技术上的，更主要是观念上和思想上的。这从一河之隔的美国和墨西哥天壤之别的发展水平上可见一斑。墨西哥A型人过少而O型人过多（A型人仅占30%左右），美国的A型人则达到40%，比A型人在日本的比例还要高得多。因此，可以得出这样的推论：O型人和A型人分布比较均衡的国家往往较发达。

　　与发达国家几乎全是O、A为主的血型构成一致，这些国家的企业团队也是O、A型人为主。事实上，无论是在美国的通用还是德国的西门子，无论是在日本的松下还是英国的皇家壳牌，都拥有大量的O、A型员工。这不禁引起我们的思考：难道员工血型构成会到影响企业发展水平？

　　回答当然是肯定的。正如一个国家的强大根源于主体民族的素质一样，一个企业的先进也与其员工的素质密切相关。而性格又是员工素质中最基本的构成要素，更是企业文化的根性所在。

第9章
血型结构影响下的国企管理状态

其他要素如技能、硬件是很容易被学习和模仿的，唯独员工群体的性格倾向及此基础之上的文化特质是无法模仿的——除非进行大换血，而对于一个民族而言这是不可能的。西方企业管理理念之所以会在中国企业中"水土不服"，根本原因在于：与O-A型国民性格相适应的欧美文化，并不适合于AB偏B型的中国人性格，而且更多的情况下会造成"文化溶血"反应。

表3 世界主要发达国家血型分布图

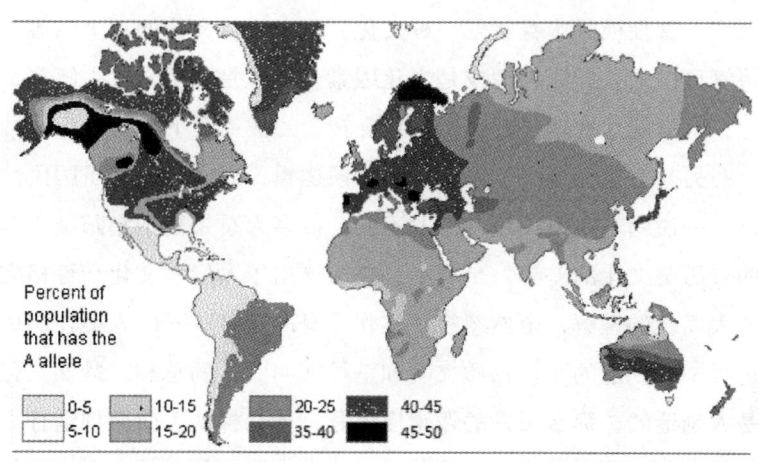

绝大多数发达国家的A型人口比例都达到了或将近40%，同时他们的O型人比例通常也在40%以上，世界五百强企业绝大多数分布在O、A型人为主的国家和地区。但如果A型人口比例低于30%，将呈现O型人口比例越大越落后的状况，如除了阿根廷、巴西之外的拉丁美洲，和O型人占50%以上的非洲。可见O型人与A型人的合理搭配与一个国家或民族的兴衰强弱有一定的关联性。

人们常说：性格决定命运，不只是对于个人，对于一个组织（企业），甚至一个民族同样如此。O、A为主的血型构成，不

仅很大程度上决定了西方企业的管理特点和水平，而且影响了西方国家后来居上的历史命运。而西方国家后来居上的历史命运本质上根源于西方企业的蓬勃发展。

那么，O、A血型性格对西方企业产生影响的内在机理又是什么呢？

在此之前，我们必需廓清一个认识上的误区，即一说到东西方管理模式的差异，总是习惯归结于东西方之间文化背景的不同。但文化又是什么呢？不过是一个混淆视听的抽象概念而已。其实，管理模式本身就是一种文化，或者说是文化的一个内容。将管理模式差异原因说成是文化因素，不过是在用文化去解释文化，就像说"地球是圆的所以它会转"一样荒诞不经。

另外，我们还必须纠正一个错误逻辑，即文化决定了国民性格。一说到东西方民族性格的不同，许多人总是爱把它归结于东西方历史文化的差异。事实上，这同样出于人们对文化和性格完全表面化的理解，全然忽视了文化本身的定义——即人类在历史过程中所创造的一切物质文明和精神文明成果的总和。**既然文化是人创造的，那么正常的逻辑应该是：什么样的人就会创造什么样的文化，而不是相反**。而什么样的人本质上就是什么样性格的人，因为性格是标明人与人之间、民族与民族之间差异的最根本特征。所以，更准确地说，应是"什么样性格的人就会创造什么样（性质）的文化"。

比如，湖南和苏南地区的人追求完美、注重细节的性格，决定了他们会创造出闻名遐迩的精致完美的湘绣、苏绣（织锦文化）；而黑非洲人粗枝大叶、不注重细节作风，则

第9章
血型结构影响下的国企管理状态

创造出与他们性格相符的既粗犷又重点突出的非洲木雕。

比如，广东人性格粗放、胆大冒险的一面决定了他们会形成"什么都敢吃"的饮食文化；而在性格温和、富有同情心的北欧和日本，则几乎找不到现杀现卖的活禽市场。

比如，德国人、日本人追求完美、精益求精的性格决定了他们会创造出兼顾外观和内在性能的、具有完美品质的汽车产品；而注重实用和具有差不多思想的中国人在汽车制造上始终无法达到品质与外观的完美统一，即使是完全照搬了德国生产线和技术标准的上海大众，出产的汽车与德国原装货也有一定差异。

比如，美国人敢于冒险、注重现实利益的性格决定了他们会更多地选择负债消费、超前享受，并由此形成了类似于同样是O型人为主的中国台湾人的"卡奴"文化。与此相反，比较节俭的德国人和日本人信用卡使用却并不普遍。

可见，民族性格差异才是造成不同民族文化差异的内在力量。至于是鸡生蛋还是蛋生鸡，在这里已没有争论的必要。因为，有一点可以肯定：是人创造了文化，而不是文化创造了人。我们承认文化对人的影响，就如同宗教对信教的国民有影响一样，但不能过于夸大这种影响，否则它只能带来更多的偏见和混乱。某种类型文化的产生以及其影响能否持久，终究是由某种民族性格决定的。

管理模式作为文化的一类，归根到底也是由创造他的人的性格所决定的，而人的性格又根源于人的血型。所以，中西方在管理模式和管理风格上的差异，根本上也是由员工血型性格所决定

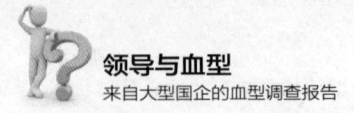

的，是O、A型性格创造和选择了具有西方特点的企业管理模式和管理风格。或许管理模式并不存在优劣之分，但企业管理水平和管理效果则是有目共睹的，西方式管理在当代显然比中国式管理更富有成效。这种成效的取得与O、A型性格本身的优势及二者的完美组合密不可分。

O型人和A型人在性格上有很多共同之处，如都比较吃苦耐劳、脚踏实地、为人坦诚、思想单纯、遵章守纪、忠诚敬业、组织纪律性强、善于合作、富有团队精神等。这些性格特质与企业组织特性和管理要求符合，更加适应现代化、机械化大生产的要求。所以，一旦告别手工作坊式的小生产转入机器化的工厂式大生产，西方企业就会焕发出勃勃生机，并出现盛况空前的大发展。

就双方个性来看，O型人和A型人几乎是完全相反的类型，他们在工作中可以优势互补。比如，O型人实践能力强，A型人理论能力强，二者的匹配必然导致理论联系实际，从而使O、A型人为主的企业团队更善于创新。而O型人善行动的特点又能保证将创新成果及时转化到产品生产中。另外，O型人注重实用和性能，A型人注重形式和内容的统一，这保证了西方企业的产品无论是品质还是外观都受人青睐。此外，O型人社交能力强、善于经营，A型人协调能力强、善于管理，O型人主外A型人主内就会形成攻防兼备的富有战斗力的团队组合，能够从容应对来自外界的任何挑战。

而他们彼此的性格弱点，也可以通过合作共事而互削弱，共同改进。比如，A型人会在O型人的影响下变得更加开朗、胆大；O型人会在A型人的影响下变得更加善于思考。即使有些弱

第9章
血型结构影响下的国企管理状态

点无法克服,他们也能通过管理工作中彼此牵制、相互制衡而被很大程度上削弱,比如O型人在决策上很果断但容易造成失误,A型人在决策上优柔寡断但不容易失误,双方在决策博弈中相互牵制,就会让决策更加科学并富有效率。

表4　O型性格与A型性格完美互补对照表

O型人一般性格	A型人一般性格
外向开朗	内向含蓄
善进攻	善防守
冲动鲁莽	安静祥和
争强好胜、当仁不让	回避斗争、温和忍让
粗枝大叶	谨慎细致
大手大脚	小里小气
开朗焦躁	自闭抑郁
胆大冒险	胆小怕事
意志坚强	意志薄弱
能说会道	少言寡语
个人主义	集体主义
刚硬有余	韧性十足
目的性强,看重结果	责任感强,看重过程
现实主义	理想主义
注重短期利益	注重长远发展
客观理性而显冷酷	主观感性而显仁爱
对外强硬	对外温和
团伙意识、派系斗争	善于协作、和平共处
重经济利益	重社会价值

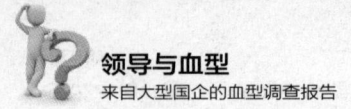

续表

O型人一般性格	A型人一般性格
善行动、实践能力强	善思考、理论能力强
直线性思维方式	系统性思维方式
行后三思	三思后行
知识面窄，专业能力强	博闻强记，综合能力强
果断干脆	优柔寡断
社交能力强，朋友多	社交能力差，朋友少
架子大，重地位	平易近人
崇尚权力、待下属严厉	看重工作、待下属温和
不爱记仇	耿耿于怀
精力旺盛	神经脆弱
固执自负	开明谦逊
高调做人	低调做人
强者独裁	群策群力
以物为本，倾向唯物主义	以人为本，倾向唯心主义
做事抓重点	做事抓细节
爱指挥人	善于服从
好管闲事	不好管闲事
好把观点强加于人	尊重别人的观点
激进且走极端	偏激但不走极端
行为开放	观念开放

另外，从进化论的角度看，A型链式思维是从O型直线性思维进化而来的，是O型直线性思维方式在指导实践中"不断碰壁"而持续改进的必然产物。这就是为什么相对于O型人，A型人是气质上的强者，并能够更好地把握O型人的心理状态的原

第9章
血型结构影响下的国企管理状态

因。这使得A型人更能够包容O型人，使他们之间相处得比较融洽。另一方面，长期受A型性格影响的O型人往往会更加A型化，美国人就是这样的典型。他们比起纯粹的O型民族如墨西哥人，在性格上更加沉稳、理智，在工作中更加耐心、执著和富有钻研精神。这些品性使他们能够静下心来，认真做好每一件事情，并在经营管理中取得骄人的业绩。

在W集团，虽然AB偏B型的性格主导了企业管理文化，但O、A型员工群体仍然对经营管理发挥着举足轻重的影响，不仅在领导团队中O型人占有绝对优势，就是在员工群体中O、A型员工也几乎占到了60%的比例。进一步分析就会发现，不仅高层领导中O型人众多（如主管军民品副总全是O型人），就是在生产单位O型领导也占半壁江山；A型领导虽不占优势，但许多要害部门（如财务部、采购部和质量部）的一把手都是A型人；在一线员工群体中，O型人和A型人分布比例更大，B型和AB型员工则多分布在劳动强度不太大的技术或管理岗位。可见，即便在B型化色彩很浓的国有企业，O、A型员工对企业经营活动的影响仍不可小视。企业团队中大量O型人和A型人的存在，维系了员工队伍总体的组织性、纪律性和较强的执行力，有力地牵制和抵消了B型性格中涣散拖沓的不利影响。尽管O、A型员工的影响并不足以改变企业文化的总体特点，但在很大程度上保障了企业各项工作的顺利进行，尤其是生产系统的正常运转。比如，O型领导和员工吃苦能干、意志坚强的特点保证了公司各项生产任务的圆满完成；A型人忠诚敬业、公私分明的一面，杜绝了采购和财务管理中可能出现的大的漏洞，有效防范了经营风险和腐败现象的产生；同时产品质量在追求完美、注重细节的A型员工手里

领导与血型
来自大型国企的血型调查报告

也能得到更好的保障。由于老总是作风正派、勤俭持家的AB型人,故O、A型人的性格优势能够充分展现出来,并和AB型性格相得益彰,一起对B型化的企业文化产生积极的影响和有力的矫正,使其不至于完全丧失生存能力。这就是为什么许多看似管理混乱、作风官僚的国有企业仍旧能够维持一定水平的运转,并取得一定经济效益的根源所在。

当然,O、A型群体对国企管理也有一定消极的影响,比如,O型人唯我独尊、固执己见的性格造就了国企管理"一把手说了算"普遍倾向;A型人的等级观念和服从精神则强化了国企比较严重的等级制度。由于B型性格无法对强势的O型性格形成有力的牵制,这种消极的影响甚至得到了进一步的加深。但比较来说,富有组织性、纪律性的O、A型员工仍旧是企业的中坚力量,正如O、A型人为主的国家如今大多是人类社会的主导一样,如果能够有效地运用血型性格理论对领导团队和员工群体进行人员和岗位的优化配置,就能在有限的国企环境中创造出更高的管理效率。

一般来说,在O、A型人为主的企业组织中,如果O型员工较多(数量上超过第二位的A型人5%)时,那么在管理模式上往往倾向于英美式的"强者治理",即企业命运与CEO的个能力休戚相关,注重发挥个人的聪明才智。在管理风格上表现为:等级森严,强调硬性的服从和执行;劳资双方薪金差异较大;个人主义色彩浓厚,注重自我实现;团队内部竞争氛围浓厚;工作强度大;奖惩严厉。

反之,如果A型员工较多(数量上超过第二位的O型人5%)时,这个企业在管理模式上往往倾向于德日式的"共同决定",

第9章
血型结构影响下的国企管理状态

即企业命运与员工集体智慧密切相关，在经营管理上注重发挥团队的智慧。在管理风格表现为：员工与管理者之间地位较为平等，虽有等级但不森严，高管人员平易近人，经常深入基层与员工一道解决实际问题；劳资双方薪金差距远较英美为小；团队内部合作氛围浓厚；奖惩适度。

O型人为主导的英美管理模式和A型人为主导的德日管理模式大不相同。英美管理模式更独裁、更严厉、更注重个人主义，德日管理模式更民主、更温和、更注重集团主义。

尽管O型人和A型人之间的力量对比会影响到管理模式，但反映在管理效率上却并无太大差别，"强者治理"和"共同决定"都可能表现出很高的管理水平，因为他们的管理都是建立在一个组织性、纪律性极强的O、A型员工团体基础之上的。只不过英美企业更多是依赖制度管人，德日企业更多是依靠员工的自觉；英美企业员工单兵作战能力强（个人劳动生产效率高），德日企业员工团队战斗力强（协作劳动生产效率高）。

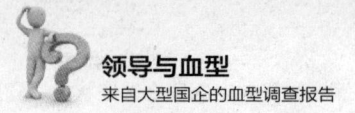

但A型人为主的德日管理模式无疑更符合以人为本的时代潮流，更能发挥员工工作的主动性、积极性和创造性以及团队的战斗力，更适合在市场机会瞬息万变的信息社会（单凭个人能力无所适从只有靠团队智慧才能有效应对）中应付复杂局面。所以A型人为主的德日企业在与O型人为主的英美企业的竞争中，越来越表现出强大的生命力和优越性。

第5节　国企"磨洋工"的血型性格根源

A型人工作中并不喜欢拖，被安排工作后总能够尽可能早地完成。一是因为他们相对更具有社会责任感，在工作中责任心很强，因此不愿意久拖不决；二是因为他们具有完美主义倾向，安排了工作如果不尽快完成，心里就好像总有块石头放不下，做其他事情也做不进去。

这种完美主义的心理，从他们乘车买票时也可窥豹一斑。在四种血型当中上车最先买票的往往就是A型人，这是因为A型人相较其他血型的人反应慢，临下车买票容易紧张，生怕下不了车，给自己和他人制造麻烦。如果是AB型人，出于合理性的考量，往往在上车后走一段时间再买票；懒散但反应迅捷的B型人则可能临下车时才买票；O型人则可能是两个极端：要么先买，要么后买。

当然，如果是自己的事情，A型人很可能因为懈怠迟迟不付诸行动，即A型人在私事上可能喜欢拖。

"磨洋工"作为国企一种典型的工作作风，任何一种血型的人都可能沾染。但抛开体制的因素，仅从性格根源上看，B型性格应是始作俑者，因为B型人的许多基本性格与"磨洋工"有着直接或间接的联系。懒散拖沓是最直接的原因，而宽容豁达、知足常乐、投机取巧、灵活变通、公私不分、团队精神匮乏、盲从

大流、注重人情则是强化"磨洋工"的倾向的间接原因。如宽容豁达、注重人情会容忍和放纵自己或下属的拖沓;知足常乐可能导致他们不思进取、得过且过;投机取巧、灵活变通则能够保证他们的拖沓懒散不至于产生严重的后果,因为他们最终能够想到应对领导的好办法;公私不分、团队精神匮乏则会让他们把私事和公事看得同等重要,客观上导致顾此失彼造成事实上的"磨洋工";好随大流的倾向则可能使他们很快适应"磨洋工"的国企作风。其他血型的人中当然也有"磨洋工"者,比如O型人中的极端懒惰者,但从性格上看不像B型性格那样具有与"磨洋工"行为广泛的关联性,很大程度上是受B型化的国企环境下长期影响造成的。

　　此外,拖拉也是B型领导在管理实践中总结出来的一种工作方式。我们知道B型人非常聪明,擅长多角度思维,这使他们能够率先发现"磨洋工"可能带来的好处。这种好处表现在:国企老总在决策上时常反复无常,如果立即执行难免费力不讨好;另外,老总的决策有时涉及B型领导自身利益,这让他们无从下手,采取拖延策略往往可以静观其变或不了了之;还有,遇到难度过大的工作,B型领导怕搞砸了丢人败兴,担心老总责难,所以在工作中也爱采用拖延策略,因为对他们而言,这时不出问题比干出成绩更重要。

第9章
血型结构影响下的国企管理状态

第 6 节　国企"执行难"的血型性格根源

"执行难"是国有大中型企业中普遍存在的管理难题。究其原因，理论界一直争论不休、莫衷一是。有的说是体制的原因，有的说是制度不完善的结果，也有人说是产权不清晰、政企不分的必然产物。很少有人会把执行难和中国人特有的国民性联系起来。这就是为什么国企在经历了体制改革、加强了制度建设、明确了企业产权之后依然被执行难困扰的原因。

最后，大家都不约而同地产生了同样的迷惑，为什么在西方世界卓有成效的管理制度一引进中国就会变味，无法收到同样的效果？

当人们开始产生这样的迷惑时，实际上已经触及到了症结的边缘。其实，只要我们能够想到制度是人定的，执行制度的是人，制度管理的对象也是人，就应该能够发现：在人与制度的相互关系中，人始终是第一位的，制度是第二位的。但大多数企业家在管理实践中注重更多的是制度本身，而忽视了制度背后人的因素。这就陷入了一个怪圈，越是引进先进的管理制度，就越会出现"水土不服"而背离初衷的情况。

如果我们能够透过现象看实质，关注制度背后的人的因素，就很可能找到"执行难"的真正症结，并在此基础上有针对性地、以人为本地去进去制度创新,就有可能在很大程度上、甚至从根本上解决执行难的问题。

那么"人的因素"又是什么呢?当然不是道德、学识、技能等可以通过后天教化改变的东西,这些所谓的素质事实上对国企的执行力影响甚微。只有唯我独有的、难以改变的、与西方不同的才是我们这里所说的"人的因素",这样看来,除了性格之外别无他物。俗话说,"江山易改、本性难移",这昭示了性格对一个人、一个民族的重大影响。另外,从"人民是历史的真正创造者"这种说法中,完全可以推论出有什么样的人民就会创造什么样的历史。**这样看来,中西方不同的政治取向、文化偏好、制度选择直至他们各自不同的历史命运,很大程度上是由他们各自独特的民族性格所决定的**。管理理念和管理方式上的差异作为文化差异的一个组成部分,本质上也是民族性格差异化的产物,而被许多专家学者高度抽象了的所谓的"文化"只不过是特定民族性格在精神文明层面的表现形式,归根到底还是源自于民族性格本身。

当然,我们并不否认文化反过来会对一个民族的性格产生能动影响,尤其会对其中的个人产生重大的影响,但这种影响无疑是偶然和外在的,而不是永恒和内在的。明白了上述道理,我们就不难理解中国社会中包括国企执行难在内的各种各样的社会问题的根源了。

众所周知,东方人与西方人在血型分布上一个明显的差异就是B型人居多。这种血型分布格局很大程度上影响了东方民族性格的形成,并导致了东西方之间文化形态和精神上的差异。在中国人中,同样表现出B型人居多的血型分布特点,尽管O型人占有微弱的优势，但却不能改变历史惯性所形成的B型气质主导中国人性格倾向的态势。因为自古以来，中国人口移动的方向都是由北向南，也就是说B型人口一直不断向整个中国扩散，他们的性格也随着人口的扩散逐渐影响到整个中国。所以，时至今日最能够代表典型中国人性格的依然是B型人居多的北方人。而近代名家大师对中国人性格的评述，诸如宽容豁达、知足常乐、崇尚和平、投机取巧、灵活变通、公私不分、团队精神匮乏、盲从大流、注重人情等，也与北方人的性格基本一致。由于我国大中型国企60%～70%分布在北方，在B型化的大气候熏陶下，大中型国企的员工群体或多或少感染有B型性格的一些特点，如公私不分、注重人情、投机取巧、灵活变通、懒散拖沓等不良工作作风。即便在中国的南方地区，B型性格的影响依然不能小视。首先是因为北方大中型企业在全国企业界中具有主导性影响，其次是B型人在当地的国企中比例仍旧很大并发挥着重要的影响。

那么B型性格中的不足和弱点又是如何影响到国企执行力的呢？其他血型对国企执行力就没有任何影响吗？

其实，只要我们把B型性格中的不足和弱点一一暴露出来，就会发现其性格与执行力难之间存在的天然联系。

（1）懒散拖沓。如果领导懒散拖沓，那么企业制度建设效率就比较低，而且往往是避重就轻，不愿触及让他们感到费时耗力的管理难题；如果制度执行者比较懒散，那么制度执行就不会全面彻底，检查工作也是点到为止不能深入细致；如果员工比较懒散拖沓，就常常会投机取巧、钻空子，不能循规蹈矩地执行制度。

（2）知足常乐。如果领导比较知足，那么就很容易对制度

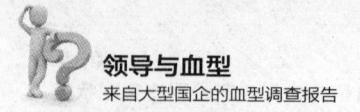

执行现状满足,在制度建设方面就会不求上进、小进辄止,不能进一步改进和完善制度以达到更好的执行效果;如果制度执行者比较知足,就会产生差不多思想,从而影响到制度的执行。

(3)投机取巧。如果领导和员工都比较爱投机取巧、钻空子,那作为领导就不能率先垂范、以身作则,就不会循规蹈矩地执行制度,执行力也会大打折扣。

(4)灵活变通。如果领导擅长灵活变通,在一些场合制定制度,在另一些场合忽视制度,遇到制度绕得走,或者千方百计为自己开脱,那样就会影响到制度的公平性,对员工形成不良的示范效应;如果员工都灵活变通,就可能巧妙地利用制度的缺陷,偷梁换柱、暗渡陈仓,在形式上满足制度要求而实质上违背制度。

(5)注重人情。如果领导注重人情,就很容易导致公私不分,袒护熟人和关系户,破坏制度的公正执行;如果制度执行者顾虑人情,就会在检查工作中避重就轻,遇到熟人睁一只眼闭一只眼,遇到陌生员工则严惩重罚,必然会激起广大遵守制度的员工不满,从而影响到制度执行。

(6)团队精神匮乏。如果领导团队精神匮乏,在设计制度上就会缺乏全局意识、整体观念,而且缺乏沟通和协商,导致制度的不合理和执行中的交叉扯皮;在贯彻和执行制度的过程中就会各行其是,造成多头管理、重复处罚。如果员工群体团队精神缺乏,个人就会不顾及团队利益和荣誉,时常为了追求个人利益或图方便而违反制度规定。

(7)宽容豁达。如果领导对下属一味宽容,在管理工作中就会丧失原则性,容易通融迁就下属;如果制度执行者对于发现的问题宽容大度，总是警告不处罚，那么检查将可能流于形式，导致制度不能有效执行和管理工作上的混乱。

无差别待人倾向的B型领导和谁都惯熟，而且B型人的本质是包容、不爱争执、崇尚和谐的，这种性格和需要坚持原则的考核岗位显然是不适应的。在国企，考核乏力、流于形式，很大程度上就是由B型人不愿惹人、规避斗争、顾及关系人情甚至乐于助人的性格所致。

（8）盲从大流。如果领导和员工都有盲从大流的倾向，那么在制度执行过程中也会表现得没有定力、无常性、见风使舵，风头紧一点就中规中矩，松一点就纪律涣散；反之，如果领导和员工都能够有自己做人的原则，不跟风、不从众，特立独行，就很可能出淤泥而不染，甚至正向影响企业风气的走向，以点带面，形成遵守制度的良好风气。

综上所述，B型性格中的不足和弱点与国企执行难的现状密切相关。由于这些不足和弱点在现有国企环境下给个人带来

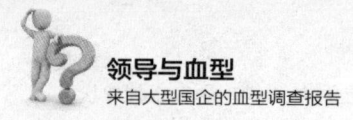

领导与血型
来自大型国企的血型调查报告

的好处和方便要远远大于他们为此付出的代价,所以这种B型性格的不良示范效应非常明显,在短时间内就会引起员工群起效尤,导致包括执行难在内的国企管理困局。**需要指出的是,这里所说的B型性格并非指B型人独有的**,其他血型人员长期受浓厚的B型性格氛围熏陶,也会或多或少出现B型化的倾向。而且,也不是说所有的B型人都会带有上述明显的B型性格特征,作为能动性很强的个体,并不能否认少数B型人能够通过后天努力来扬长避短,但就整体而言,B型群体所具有的B型性格倾向是无法改变的(**正如北方人总体比南方人要懒散是一个公认的事实一样**),因此在无法改变大中型国企血型分布状况和经营体制的前提下,很难从根本上解决企业执行难的问题。

另外,其他三种血型性格也在某种程度上影响到企业的执行难状况。比如,O型性格中的争强好胜、死不认错、极端个人主义倾向会使某些O型人变成企业里的"坏小子",这些人天不怕、地不怕,领导员工都惧怕,往往成为执行难的主要"带头人"。A型人能够管好自己,但不爱管人;性格胆小、遇事退缩,不愿招惹事端,常以"老好人"姿态示人,在贯彻制度方面缺乏魄力。AB型人头脑复杂,常常会考虑太多因素,既有广度也有深度,常使制度设计过于复杂、晦涩难懂,让人难以了解,执行困难。AB型人的合理化思维,在管理过程中导致职能部门之间易产生"扯皮"现象,从而阻碍了执行的效力。但与B型性格的消极一面相比,这些影响并不具有主导性,而且很大程度上是在B型性格背景下发挥作用的。

因此,要想解决国企执行难的问题,必须把B型化性格作为管理的一个重要因素来考量,针对B型化性格的特点进行制度创

第9章
血型结构影响下的国企管理状态

新,通过制度规范抑制和矫正B型化性格中的不良倾向,从而削弱B型性格对管理工作的负面影响。但要注意制度设计上不能一味强调严惩重罚,建议建立奖罚分明、以奖为主的考核机制,这样就不至于扼杀B型化性格中积极的一面,束缚员工的创新能力和工作活力。

另外,在不可能改变国企血型分布的情况下,可以通过岗位调整、人事变动,将各种血型的人员进行优化组合、科学配置。对于B型群体,要把他们安排到更能发挥他们性格优势的岗位上,如营销、商务谈判、会务、接待、文秘、宣传、记者、顾问、助理等岗位;而在企划、人力、采购、质量、安全、检测、保卫等岗位则应以其他三种血型的人为主,这样就可以从源头上规避B型性格对管理工作的消极影响。总之,只要能够很大程度上抑制B型性格对企业管理的消极影响,国企执行难的状况将大大改观。

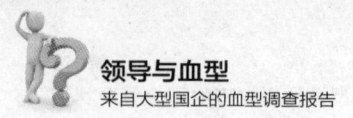

领导与血型
来自大型国企的血型调查报告

第 7 节 典型国企与典型民企血型分布差异原因初探

在我进入策划部门的第二年，也就是2003年，W集团推行的"新人新政策"严重挫伤了一些老大学生的积极性，导致很多人因此跳槽到了富士康。在我认识的几个老大学生中，跳槽到富士康的就有五人，其中三个是O型人，两个是A型人。通过他们我有幸了解到了富士康公司员工的血型分布。在随机统计的100人中，O型人占了39%，A型人占了29%，B型人和AB型人只占了21%和11%。

这一结果和我此前预测的基本一致，虽然具体比例上有所差异，但O型人和A型人比例最大是可以肯定的。而W集团员工血型分布则与其所在地的人口的血型分布较为接近：O型人占31%，B型人占30%，A型人占27%，AB型人只占12%，相对来说O型人和B型人占的比例较大。

为什么同样是大型企业的富士康会形成与W集团截然不同的血型分布呢？这其中血型性格对职业适应性的影响发生了重大的作用。

在台资企业，"工作比较累"已成社会共识，而富士康尤其典型，在里面工作十分辛苦是肯定的。**在四种血型当中，O型**

第9章
血型结构影响下的国企管理状态

人和A型人相对来说更加吃苦耐劳，更能够适应富士康的工作强度和环境。所以，最终留下来、干得长的就以O型人和A型人居多，必然形成O型人和A型人占主体的血型分布格局。

富士康设计的严密业务流程，让投机取巧者无空可钻。懒散、拖沓、灵活变通的B型员工显然无法适应这种刻板的管理方式，主动和被迫离职者大有人在，这或许是富士康始终以O、A型员工为主体的原因。

另一方面，富士康作为一个市场意识很强的民营企业，员工之间竞争相当激烈，对员工个体的考核非常科学和严格，而且在工作流程设计上环环紧扣，让人几乎没有投机取巧、避重就轻的空间。这样一来，善于施展小聪明、比较懒散的B型人就很难找到自己的"用武之地"，时间一长他们就会不能忍受这种令人窒息的环境，从而被公司辞退或主动离职。这样，经过一段时间的优胜劣汰，大量的B型员工会被淘汰出局，富士康就自然呈现出与台湾本岛企业相趋近的血型分布格局，同时也因此自然形成了台资企业特有的管理风格，如等级森严、对事不对人，工作强度大、执行力强,奖惩严格、淘汰率高、人才流动性大、缺乏人情味和人文关怀等。

而作为典型的大型国企,W集团的工作环境相对宽松,岗位要求不是很严格,无论是招聘还是内部选拔,各种血型员工在就业方面机会比较均等,血型性格的职业适应性很难发挥出应有的人员调整作用。**另外,国企人情关系网遍布,同时担负着一定的社会责任,不轻易辞退人,很难建立并执行严格的考核奖惩制度并形成人员的优胜劣汰机制,这就导致了员工流动性小、淘汰率低,各种血型的人都能和谐共存,并长久地工作下去。**虽然血型性格仍旧能在干部选拔和岗位调整中发挥一定作用,但不至于对整体员工的血型构成施加有效的影响。因此,国企员工自然会形成比较接近当地人口血型分布的特点。

表5　W集团员工与富士康公司员工血型分布对比

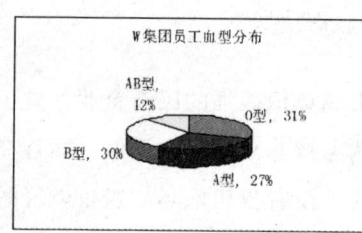 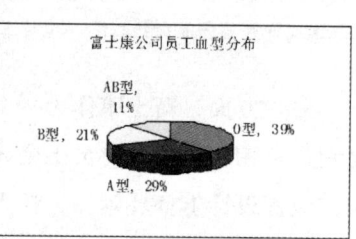

国企和民营不同的体制环境导致了员工血型构成上明显的差异性。反过来,员工群体血型构成的差异性又在很大程度上影响了国企和民营的迥然不同的管理状态。

在富士康,由于O型人和A型人相对较多,在工作中更容易团结起来,有力地抑制了B型化性格对企业风气的消极影响。此

第9章
血型结构影响下的国企管理状态

外O型人逻辑性很强，A型人思维缜密，这又使他们设计的制度几乎无懈可击、不留漏洞；而O型人的令行禁止和A型人的服从意识，又进一步确保了富士康各项制度和任务指令都能得到有效地执行，几乎不存在国有企业普遍存在的执行难问题。**由于O型管理者众多，所以他们的性格特点如作风严厉、爱憎分明、说一不二、缺乏人情味等特点也深刻地影响了管理风格，决定了富士康的绩效管理更加严格和严厉，几乎不存在通融迁就的现象**。凡此种种，造就了包括富士康在内的台资企业组织纪律性和原则性较强、做事刻板、循规蹈矩的职场风气。

在W集团，因为B型人员较多，他们又都比较讲究人情世故，所以W集团像大多数国企一样，呈现出注重人情的人文环境。注重人情的企业环境虽然有助于企业的和谐稳定，但却无助于建立科学严谨的现代管理制度，更难以适应激烈的市场竞争。在这样一种环境中，制度建设往往会流于形式，导致人浮于事、钻营者众、效率低下、执行难。受B型化性格懒散、爱钻空子、无原则、能言善辩等性格的影响，懒散拖沓、避重就轻、推诿扯皮便成为大多数国企的真实工作状态。

领导与血型
来自大型国企的血型调查报告

第 8 节 如何构建和谐高效的血型领导团队

通过对前面W集团经理层血型构成适宜性分析及职能部门领导血型的职业适应性分析，可以发现：一个和谐高效的领导团队在血型构成上往往存在血型气质相互制约、平衡的关系。这一关系通常表现为：辅佐者（这里的辅佐者指能够为领导出谋划策的人）副职通常是气质上的强者，被辅佐者正职通常是气质上的弱者，这种血型搭配可以使气质上的强者、权力上的弱者与气质上的弱者、权力上的强者在工作上保持微妙的平衡。由于作为辅政者的副职实际上是气质上的强者，所以作为弱者的正职通常能够听取或尊重副职的意见，而不会无所顾忌，为所欲为；反过来，由于副职在气质上处于强势，所以能够更好地把控在气质上是弱者的正职的心理及意图，而且在正职面前也不会感到太大压力，有助于充分施展自己的才华。同时，由于正职毕竟实权在握，而且中国官场等级观念深入人心，所以即使副职处于气质上的强势，也不会过于张扬，除非有取正职而代之之心或是弱者担心自己的权力受到威胁，双方的合作一般会很愉快并富有成效。

根据血型气质强弱关系原理，和谐高效的血型领导团队可以有以下四组搭配组合：O型正职搭配A型或AB型副职；B型正职搭配O型或AB型副职；A型正职搭配B型副职；AB型正职搭配A

第9章
血型结构影响下的国企管理状态

型副职。

由于领导团队的和谐高效主要是通过对员工的管理体现出来的，所以领导团队除了内部血型构成要和谐之外，同时也必须与员工群体的血型气质相适宜，只有这样，和谐高效的领导团队才能实至名归。

从理论上讲，同种血型的领导与员工在情感和观念上更容易相互认同，而处于强势地位的血型领导则更容易把控处于弱势地位的血型员工。换言之，领导团队的血型气质最好与员工群体的血型气质相一致或处于相对强势，这样更有利于领导团队卓有成效地开展管理工作。具体到血型组合，可以分为以下几种情况：

（1）如果员工群体是O型人居多，那领导团队最好以A型人或O型人为主导（AB型人虽是气质上的强者，但其行为思考方式与O型人完全相反，因此难于沟通和彼此理解，故不太适合）。

（2）如果员工群体是以B型人居多，那领导团队最好以O型人或AB型人为主导（B型人管理B型人可能因过度宽容而放任自流，因此也不太适宜）。

（3）如果员工群体是A型人居多，那领导团队最好以B型人或A型人为主导。

（4）如果员工群体是AB型人居多（这种情况一般很少见），那领导团队最好以A型人或AB型人为主导。如下是示意图：

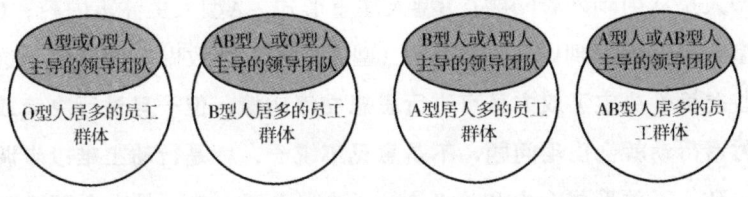

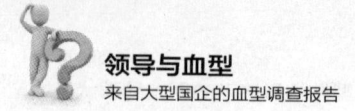

领导与血型
来自大型国企的血型调查报告

领导团队在血型气质上占有优势或与员工群体一致,更容易赢得员工群体的认可和尊重,有助于在处于弱者地位的员工群体中树立和维护自己的权威,同时能更好地宣传和贯彻自己的管理理念及意图,经营管理工作将因此得以有效展开。

还有一种情况是员工群体中可能存在三大血型构成均衡的状况,这在长江以北的地区并不少见。由于三大血型性格力量(包括观念和行为逻辑)博弈或合力趋向于AB型的行为思考方式,也就是说,AB型人更容易在三股血型性格力量之间保持平衡并赢得认可,所以AB型人做领导团队的核心乃是最佳选择。**放大到整个国家,由于中国人三大血型分布较为均衡,中央政府由AB型气质主导更有利于维护和谐、稳定的社会局面;明清以后的中国社会基本处于AB型气质主导之下。**

在员工群体以A型人居多,领导团队以B型人为核心的搭配上也存在一种特殊状况。一旦B型领导懦弱无能或他的决策、指令让A型员工无所适从,就可能导致A型员工同心协力的抵制,要么消极怠工,要么群起反抗。虽然B型人在气质上处于强势,但A型员工一旦抱团就能形成足以动摇B型人为核心的领导团队的强大力量。在这种情况下,B型人相对于A型人的气质上的优势将不复存在。B型人领导A型员工还有一个不和谐的因素是双方有着截然不同的行为思考方式。B型人是由外而内看问题,A型人是从内到外看问题;B型人注重形式,A型人更注重内容;B型人要面面俱到做几件事情,A型人要深入细致做一件事情。这些差异性决定了双方虽可进行思想交流碰撞,但一旦进行决策或付诸行动就会出现问题,不是意见不统一,就是行动上难以步调一致,无法形成合力和战斗力。当然,B型人也不是完全不能胜任对A型员工的领导，如果B型领导不去直接管理A型员工，而是授权其他血型的领导间接管理，有时也能收到意想不到的效果。

理论和实践都在一定程度上表明：领导团队在血型构成上越和谐，干群关系就越和谐，决策和执行就越有效率，经营管理工作就越有成效。

近代史上，曾国藩领导的湘军和洪秀全领导的太平军之间的战争，胜负结局也与双方领导团队血型构成的和谐性有着密切关系。

湘军将领和士兵大多来自A型人、O型人为主的湖南地区，因此领导团队具有典型的A-O型结构特征；太平军将领和士兵大多来自O型人为主的两广一带，在斗争中必然形成以O型人为主体的领导团队。据分析，湘军的统帅曾国藩应该是A型人，而这无疑使湘军更具有典型的A型化色彩，在面对O型人比例更大的太平军时在气质上更显得强势。虽然，在太平军锋芒正盛时，组建不久的湘军曾屡遭败绩，曾国藩也以屡败屡战名声在外，但由于A型人特有的韧性和顽强，故湘军即使有败绩也很少出现兵败如山倒的局面，往往是且退且战，在撤退中也要消灭大量的太平军。A型人是逆境中的强者，失败对湘军来说是一次锻炼和成长，而对太平军来说则意味着有生力量被又一次消耗，所以随着时间的推移，湘军的优势愈发明显，最终打败了盛极一时的太平军。

湘军领导团队由于血型构成上的比例适当而且非常和谐，加之统帅是善于协调人际关系的A型人，所以较少存在内讧和派系争斗，团队的凝聚力和协作意识极强。而太平军领导团队具有较浓的O型色彩，容易导致激烈的派系斗争。尽管在革命初期他们可以为共同的目标暂时"抱团"，但时间一长或在阶

领导与血型
来自大型国企的血型调查报告

段性目标达到之后,往往就会因权力或利益分配不均发生内部争斗,"天京事变"就是派系斗争最极端的事件,也是太平军由盛转衰的转折点。从那时起,太平军的实力大减,不得已由战略进攻转入战略防御。**O型人擅长的是进攻,一旦转入防御则意味着其行将败亡的命运**。O型人过多导致的不和谐不只是派系斗争,还有因其争强好胜、崇尚权威、极端个人主义所必然导致的独裁专断、官僚主义和森严的等级制度。不仅领导团队内部如此,而且领导团队高层与下级军官和士兵群体之间也存在严重的不和谐,官兵之间对立严重,尽管在严刑酷法、宗教思想的蛊惑下,太平军在很长的一段时期,甚至最后关头都保持了强大的战斗力,但与团结协作、上下一心、将官带头、士兵卖命的湘军相比还是略逊一筹。

近代史上湘军与太平军之间的战争,最能体现血型性格的力量。虽然,一开始在太平军锋芒正盛的时候,O-A型人为主的湘军吃过不少败仗,但很少听说过他们一触即溃,出现兵败如山倒的现象。因为湘军A型化色彩很浓,具有较强的团队精神和坚忍不拔的意志,而且他们远比太平军有耐心,擅长持久战,故最终赢得了胜利。

第9章
血型结构影响下的国企管理状态

气质上的优势，在战争初期还不明显，但随着湘军实力的壮大，A型化军队相对于O型化军队在气质上的优势就开始表现出来。**由于A型人更容易把握O型人的心理和意图，所以湘军很容易预测或识破太平军战略战术的运用。在与湘军的对抗中太平军很难从智谋上取胜，更多是靠其坚强的意志死打硬拼，虽然很多次战役取得了胜利，但更多是战术性的胜利，而且胜利得非常勉强并付出了极其惨重的代价。**制性十足、作战顽强的湘军则不然。他们无论在战略还是战术的运用上都要技高一筹，可以说更多的时候是掌握了战场上的主动权，一步步将太平军引入他们的战略或战术陷阱之中。屡战屡败一定时期内也许是事实，但越往后湘军的失败越具有战术性，或者说曾国藩是通过这种失败——弹性地撤退来消耗太平军的有生力量。

在管理实践中，"弱辅强"的权力组合似乎更为常见，气质上兼权力上的强者正职通常搭配气质上兼权力上的弱者副职，但这导致通常情况下弱者仅是充当了执行官的角色，而非参谋顾问的角色，所以其并非真正意义上（我们所讨论的）的辅佐者。

气质上的弱者不适合做辅佐者，原因如下：

作为气质上的弱者一般难以琢磨和把握强者的心理和意图，而他们的所思所想、一举一动，则完全处于强者的掌控之中。这种情势下处于弱者地位的副职往往对正职心存畏惧，通常不敢在强者面前坚持自己的观点或主张；而他们即使提出好建议也常常早在强者的考虑范畴之内。处于强者地位的正职则从心底蔑视弱者的能力，即使弱者的建议有一定的建设性，他们也常常不予尊重或听从，依然会我行我素。

第10章

从国企到国家——推而广之看血型管理对组织的重要意义

血型管理不但对企业意义重大,推而广之,对一个国家的运作也具有重大借鉴和参考价值。国家可看作是一个大企业,而各政府部门可看作是企业中的职能部门;将负责国家机器运转的各级政府机构用科学的血型理论武装起来,将进一步提升政府行政效率,促进社会进步。

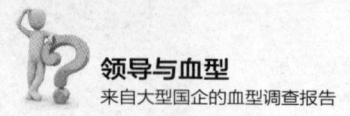

领导与血型
来自大型国企的血型调查报告

第 1 节　国企血型研究也适用于国家

国企和国家乍一看来似乎是两个全然不同概念，是毫无关联的两类事物，但深入对照分析就会发现，国企与国家在很多方面有着惊人的相似。比如，在所有制形式上都是全民所有；在管理体制上都是从上而下的集权式领导；组织形式上都是民主集中制；薪资分配上都具有大锅饭的倾向；提供的工作岗位都比较稳定，具有铁饭碗的色彩。不仅如此，在运行状态上也有诸多相似之处，比如机构膨胀、管理成本巨大；工作作风上，国企职能部门与国家职能部门则更为相似，同样存在养尊处优、拈轻怕重、推诿扯皮、懒散拖拉等机关作风。另外，国企和国家在管理目标上也有相似之处，如国企把生存与发展作为第一要务，普遍热衷追求产值和规模；国家则是视发展为第一要务，GDP（也是产值）是其追求的核心指标。**若将国家看作是集团公司模式的大型国企，那么国家职能部门（中央各部委）就好比是国企的职能部门，隶属国家的各个地方政府则相当于是国企的各子、分公司，可以说"国企小国家，国家大国企"。**

国企与国家之间存在着一种相互依赖、相互依存的关系，国企与国家始终是一个不可分割的命运共同体。

除了上述原因之外，国企员工和国家公务员自身的血型构成

第10章
从国企到国家 —— 推而广之看血型管理对组织的重要意义

对运行状态和管理风格塑造的作用同样不可小视。国企和国家相似的运行体制和机制，也会对不同血型性格的人员任用或淘汰产生重大的影响。比如，国企与国家提供的岗位比较稳定，缺乏淘汰机制，这会吸引许多追求工作稳定、收入有保障的人进入。这其中不乏知足常乐的B型人、不敢冒险的A型人、求稳好静的AB型人，而对敢于冒险、不易满足的O型人的吸引力则有所减弱，他们爱拼和不服输的性格会驱使他们自主创业或选择更富有挑战性但回报高的民营企业。这样一来，无论是国企还是国家机关在血型构成上都是A型人、B型人和AB型人相对较多，这也是国企管理和国家管理在诸多方面比较相似的内在原因。

当然，具体到国家管理，由于我国行政区域广大，人口众多，故中央政府与地方政府在管理理念和施政风格上还是存在一定的差异的。

在中央政府机关，由于存在全国性的三大血型力量势均力敌的均衡博弈——包括不同血型的政府官员内部的直接博弈、政府意愿和人民群众意愿（这种意愿同样是三大血型力量博弈的产物）之间的互动影响，所以在国家管理上呈现出了更加强烈的AB型色彩。这从中央政府治国安邦的理念、思路及具体的举措可以明显地体现出来。

中央政府在管理社会经济事务中呈现出一种"面面俱到、深入细致"的施政理念。从政府工作报告中我们经常听到类似"我们一直以来都非常重视××工作"的表述，很少出现没有重视过什么工作或忽视了什么工作的表述。比如环境保护，一直都在"重视"，可是环境污染状况却没有得到根本缓解。这又是为什么呢？其实原因很简单，当把什么都当作重点的时候，实际上也

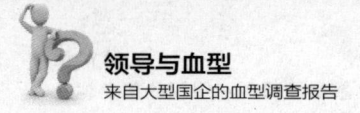

就没有重点了，在实际操作中往往会顾此失彼、无从兼顾。另一方面，由于有大量B型化性格公务员的存在，他们善于在执行政策过程中灵活变通，故导致了中央政府的政策难以有效地贯彻和执行，这也在一定程度上导致了国家管理风格的AB偏B型化。

表7 国家管理特点及风格与血型性格渊源对照表

国家管理特点及风格	AB偏B型的性格渊源
中央集权治理，追求国家长治久安、社会稳定与和谐	AB型人胆小、求稳；B型人包容、和气，但作为群体协作意识较差
处理社会矛盾时能够把握分寸，不走极端，同时善于调和、化解矛盾	AB型人具有合理化思维，做事有理有节；B型人注重人情，处事中庸，善于调解矛盾
注重国家形象的塑造和展示	AB型人求稳好静，担心失控，怕混乱；B型人要面子，注重形象
国际争端的处理上有理有节，既能把持原则底线，又能适当灵活变通，比较谦和、礼让	AB型人具有合理化思维，有原则底线，但可适度妥协；B型人不爱争斗，较宽容
中央对地方的控制力强，地方自主性相对较小；但地方存在与中央博弈的倾向，善于变通中央指令或政策	AB型人在管理上兼有A型人的深入细致和B型人的面面俱到，所以管得既宽又细；B型人则善于变通，使得灵活运用政策成为可能
一方面提倡节约、节能降耗，一方面希望扩大内需，刺激消费；追求经济又好又快地发展	AB型合理化思维试图将矛盾的对立面统一起来；B型人生性乐观，对前景看好
在刑法上慎用死刑，提倡"可杀可不杀的不杀"的刑法理念	AB型人追求合理、合情；B型人富有人情味、不冷酷

第10章
从国企到国家——推而广之看血型管理对组织的重要意义

续表

国家管理特点及风格	AB偏B型的性格渊源
对经济事务的管理面面俱到且具体、细致，有政企不分、过多干涉企业经营的倾向	AB型人有"求全责备"心理，疑心重、不信任人；B型人的无差别待人倾向，使之对某些界限认识得较模糊
对各项社会事业都重视，试图同时兼顾、齐头并进，但操作中常顾此失彼、事与愿违	AB型人认为什么都是重点，B型人做事没有重点且执行力弱，两种性格交互作用，常常事与愿违
制度建设的力度和效力不够，国家管理带有较浓的人治色彩，偏好用说教或先进事迹巡回演讲等方式整饬官场	AB型人爱说教、规劝，偏B型性格比较灵活变通，制度难以被有效执行；两种性格都顾及情面、不刻板

但在类似于国企生产经营单位的地方政府当中，领导者的思维模式及行事风格则更多带有O-B型的特点，造成这种反差的主要原因有：

（1）在省级以下的权力角逐中，爱拉帮结派和业务能力强的O型官员和左右逢源、善于交际、人脉发达的B型官员更容易胜出。

（2）地方政府自主性加强，领导者权力受到的制约较小，所以在权力运用上更加集中。正因为如此，拍脑袋决策才在地方政府中更加多见。

（3）地方领导人面对的是地方民众，犹如某个国企老总面对他的员工。地方民众给予当地政府官员的舆论压力有限，这也在很大程度上抵消了三大血型性格博弈趋向AB型的倾向。

从地方政府的施政理念和出台一些政策、法规及行政行为上可以反映出浓厚的O-B型性格色彩。**比如O型人性格上争强好**

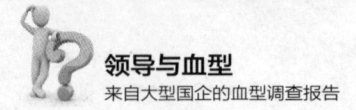

领导与血型
来自大型国企的血型调查报告

胜、好大喜功、比较讲排场、豪爽大气,所以在O型人分布较多或O型领导者执政的地区往往热衷于兴建诸如最高楼、大广场、宽马路等地标性建筑,喜欢搞"世界第一"。同时,争强好胜的性格决定了他们对GDP的追逐也更加狂热。由于O型民众和领导者本身对环境污染的耐受性更强,更注重物质利益和享受,故在追逐GDP的过程中往往忽视了对环境的保护。

此外,O型人具有强烈的自我肯定意识,加之性格上争强好胜,这使他们在决策中往往具有强加于人的倾向。自己喜好什么,往往就会出台什么样的政策或法规。比如O型人为主的位于南方的G省,率先在全国实行"禁摩令",就源自于这种性格倾向。当然,这并不是说大多数O型民众都讨厌摩托,事实上O型民众更倾向于选择摩托这种代步的工具(这从O型人比例越高的地区摩托保有量越多可见一斑。中国的广东、广西、福建、浙江、重庆、台湾,人均摩托持拥有量在国内名列前茅;国际上以O型人为主的东南亚地区人均摩托拥有量也是极高的),所以G省禁摩令一出便导致舆论哗然。但民间反对的声音对于意志坚定的O型化地方官员几乎起不到多大作用,何况他们也有一大堆理由坚持他们的决策。禁摩之后许多人去购买了私家车(因为习惯了摩托方便的人比较难适应骑自行车了),这样那样不仅有效扩大了内需,拉动了G省GDP的增长,而且提升了"城市品味",强化了现代化的城市形象,这才是地方政府热衷禁摩的真正原因。

在G省的示范效应下,B型性格浓厚的北方几省也跟风加入了"禁摩"的行列。对于注重形象、要面子、喜好整齐划一的北方人而言,没有比公路上看不到碍眼的摩托车,都剩下"齐刷

第10章
从国企到国家——推而广之看血型管理对组织的重要意义

刷"的汽车更让他们心情舒畅、引以为豪的事情了。不过，由于B型人较多的省份官员执行力较差，故摩托车要完全从大街小巷消失还是一个漫长的过程。

禁摩这种做法本身也是"一刀切"思想在管理实践中的体现。"一刀切"思想可以追溯到春秋战国时代的秦国。当时的秦国就是一个O-B型的国家。**秦灭六国后推行的"书同文、车同轨"政策就是"大一统"思想和"一刀切"做法的集中体现**。O型人易冲动，考虑和处理问题简单化，爱憎分明，喜好把自己的意愿强加于人，"大一统"实质上是O型人好把自己的意愿强加于人的结果。B型人性急、浮躁，讨厌繁杂，追求简单，喜好整齐划一，同时他们还具有无差别待人的倾向，这也是他们倾向于采用"一刀切"做法的性格根源。两种性格相互影响、交互作用必然会强化"统一"的思维并付诸于"一刀切"的实践。**"一刀切"政策或举措在塑造国民群体和文化共性的同时，往往会抑制地域或个人个性的发展，表面上看有助于行政效率的提高，但实质上却抑制了国民的个性，并由此导致创新的能力的缺乏**。

"一刀切"的思维不仅反映在宏观政策、法规的制定上，也体现到了对具体商业行为的干预上。在B型人居多的中部S省省会，**政府曾打着维护城市形象、提升商业街品味的旗号，要求临街商铺按政府部门制订的规格尺寸统一更换门面招牌，逾期不更换者将严惩**。不仅如此，为保证街道"整洁、干净"，还规定该街商户必须定时用水冲洗门前便道。**这对一个极度缺水，且煤尘、粉尘污染严重的城市而言，是一种无效的浪费，且给临街商户带来了额外的负担**。其实城市清洁是一个系统工程，不是简单地靠"头痛医头、脚痛医脚"地追求表面整洁就可以做到的。如果大环境问题空气污染、粉尘污染等不能从根本上解决，街道冲洗得再干净也是一种假象。如果是A型性格主导的政府，他们往往令比较注重里子和面子的统一，而且清楚是里子决定面子而不是相反。遇到同样的问题，他们会首先弄清造成马路粉尘、污垢多的根源是什么，然后从根源（煤尘污染）入手解决问题。

整齐划一是B-O型审美观的中国北方地方政府官员普遍的审美倾向。在B型人口居多的城市，商铺招牌通常会被规划得整齐划一，毫无个性。香港、台湾那种大小不一、颜色各异、千姿百态的商铺招牌，在北方一些城市是不允许出现的。在B型化官员的眼睛里，规格不一就是乱七八糟的同义语，整齐划一才能更令人赏心悦目。当然，没有O型官员强加于人的性格支持，这种千篇一律、毫无个性的商铺招牌规划是难以付诸实践的。

又如以秦淮为界，A型人居多的南方省区在城市绿化中更倾向于"多种树，少种草"，这是因为A型人的祖先大多来自森林，从遗传基因里就对森林充满感情；B型人居多的北方省区在

第10章
从国企到国家 ——推而广之看血型管理对组织的重要意义

城市绿化中则更多倾向于"少种树、多种草",这是因为B型人的祖先来自广阔的草原,更喜欢视野开阔和一览无遗的环境。尽管近几年在南方省市的影响下,北方城市绿化的理念有所转变,但对草坪的钟爱依然没有减弱迹象。如此一来,原本树木多的南方城市树木更加繁茂,而树木本来就少的北方城市则树木更加稀少。一位长期走南闯北的朋友曾说,一进入淮河以北地界就有一种荒芜之感,用北方话说就是"土眉悻眼"的。

可见,地方领导者的血型性格会影响其偏好和审美取向,并因此影响地方政府的行政管理特点、决策、举措。既然,国企管理中存在领导者血型性格的职业适应性问题,而且可以通过领导者岗位血型优化组合来实现管理效率的提高,那么在国家管理中是否也能够通过调整国家及地方领导者的血型构成或优化官员岗位的血型配置来达到提高行政管理效率和执政水平的目的呢?至少,这种大胆的、富有创造性的想法可以为管理国家提供一种新的思维和思路。

其实,这主要还是一个观念问题。既然可以按文凭和分数选拔人才,那按血型选拔人才就不应该是一种奇谈怪论。事实上,越来越多的企业已经在人才招聘时参考血型了。如果我们能认识到血型性格是情商的基础,如果我们承认情商比智商更重要,那么按血型选拔和录用人才就不仅不是"就业歧视",而且是一种科学、公正和以人为本的选拔方式。

比如,O型人胆子大,敢冒险,加之物质欲望较强,好显示和炫耀,所以O型官员中出现大贪的风险最高,胡长清、成克杰等是其中代表。B型注重人情往来,时间久了涉贪的可能性也很大,但B型人性格比较中庸知足,而且胆子小,故即使贪腐也非

常善于把握尺度，因此很难被发现和翻船。国家司法部门可以做一个贪腐官员的血型统计，尤其是巨额贪官的血型统计，血型性格是否与贪腐倾向有关将一目了然。

但如果在公检法系统中更多任用AB型或A型官员，中国官员的腐败状况或许会出现令人无法想象的改观。这是因为AB型人性格中追求合理、公正、理性、不爱拉帮结派，A型人性格黑白分明，富有正义感和社会责任感，不爱动粗；同时两类血型的人都比较节俭，物质欲望相对淡泊。若将AB型和A型的官员更多地配置在公检法系统中，将能更好地维护法律的尊严和公正。

O型人和B型人性格都比较注重短期效应和眼前利益，这在很大程度上导致了中国城市建设频繁，计划和规划赶不上变化。城市街道两边的树木常常会因接连不断的规划被频繁砍伐，从而形成"年年种树，年年不见树"的尴尬局面。如果在城市建设规划部门更多地任用A型人和AB型人，上述尴尬局面将有望扭转，城市建设将有可能更科学合理和富有人性化。因为从性格上看，A型人更看重长远和内在的东西，注重人与自然的和谐、内容和形式的统一，环保意识强烈，因此在城市建设规划中会尽可能地做到注重环保、因地制宜，避免乱砍滥伐，减少城市建设对群众权益的侵害。另外，A型人和AB型人偏内向，生性好静，这使他们更容易接受和推行"多种树，少种草"的绿化理念，从而可以一定程度上扭转O型人尤其是B型人性格中更喜欢大气、开阔和注重形象、面子而导致的"多种草，少种树"的倾向。

此外，AB型人性格注重合理化，在城市建设中懂得利用好现有的资源，会合理地把握拆迁的分寸和力度，在道路改建过程中也会采取具体问题具体对待的方式，该砍伐的地方砍伐，不该

第10章
从国企到国家 ——推而广之看血型管理对组织的重要意义

砍伐的尽量保留，不会像O型和B型官员那样处理问题简单化，爱搞"一刀切"，有时甚至把长了没几年的树通通砍光。而且，AB型人比较节俭，不乱花钱，不必担心他们会在城市建设上大手大脚、铺张浪费。A型人性格协作意识强，富有团队精神和大局意识，如果A型人从事规划和建设工作，将在很大程度上避免"铁路警察各管一段"的状况，减少电线架在树木上、树木长到一定高度必须砍伐或锯掉诸如此类的怪现象。

A型人社会责任感强烈，注重细节，能够及时发现食品市场存在的安全隐患；O型人原则性强，敢于碰硬。A型人和O型人都具有很强的执行力，如果在食品卫生监督部门更多地任用A型或O型领导者，形成以A–O型为主的班子搭配，那么对食品市场的监管和查处将更加及时和到位。

在现行条件下，通过血型官员的优化配置，可以提高行政管理的效率，改善行政管理的效果，进而在很大程度上改变国家管理的面貌。在国家机关推行血型管理可以先从一些地市级政府机关进行尝试，产生效果和积累经验之后再在整个国家进行推广。如果体制和机制更加科学和完善的话，血型管理在一定程度上可以自发地起作用，在国家管理中产生事半功倍的效果。

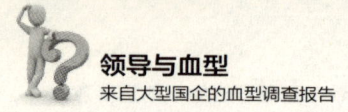

领导与血型
来自大型国企的血型调查报告

第 2 节 "二战"后日本各部历届大臣血型分布分析

表8 第二次世界大战后日本各部历届大臣的血型分布

政府部门	O型大臣	占该部比例（%）	A型大臣	占该部比例（%）	B型大臣	占该部比例（%）	AB型大臣	占该部比例（%）
外务大臣	吉田茂、岸信介、大平正芳、名悦三郎、福田纠夫、小坂善太郎、园田直	53.8	三木武夫、爱知揆一、大来佐武郎	23.1	鸠山威一郎	7.7	木村俊夫、宫泽喜一	15.4
文部大臣	剑木原弘、三原朝雄、水井道雄	21.42	尾崎行雄、鸠山一郎、爱知揆一、中村梅吉、有田喜一、坂田道太、海部俊树	50	高见三郎、奥野诚亮	14.29	稻叶修、田中龙夫	14.29

第10章
从国企到国家——推而广之看血型管理对组织的重要意义

续表

政府部门	O型大臣	占该部比例(%)	A型大臣	占该部比例(%)	B型大臣	占该部比例(%)	AB型大臣	占该部比例(%)
农林水产	根本龙太、福田纠夫、松野赖三、长谷川四郎、铃木善幸、	29.4	保利茂、河野一郎、仓石忠雄、安部晋太郎、渡边美智雄、武藤嘉文	35.3	井出一太郎、赤城宗德、西村直己、足立笃朗、樱内义雄、大石武一	35.3		
经济企划	小坂善太郎、福田纠夫、河本敏夫、小坂德三郎	28.6	三木武夫、河野一郎、迫水久常、佐藤一郎、有田喜一、正示启次郎	42.9	内田常雄	7.1	木村俊夫、宫泽喜一、仓成正	21.4
科学技术	中曾根康弘	5.88	荒木万寿夫、三木武夫、佐藤荣作、爱知揆一、上原正吉、有田喜一、锅岛直昭、西田信一、平泉涉、前田佳都男、森山钦司、佐佐木义武、宇野宗佑、坂田道太	76.47	足立笃朗、二阶堂进	11.77	长田裕二	5.88

续表

政府部门	O型大臣	占该部比例（%）	A型大臣	占该部比例（%）	B型大臣	占该部比例（%）	AB型大臣	占该部比例（%）
防卫厅	船田中、福田笃太、松野赖三、增田甲子七、中曾根康弘、三原朝雄、金丸信	50		18.75	赤城宗德、西村直己、增原惠吉	18.75	江歧真橙山中真则	12.5
日本人口血型比例	O型	30.7%	A型	38.1%	B型	21.8%	AB型	9.4%

注：统计外务大臣时未含4名不明血型者；统计经济企划大臣时未含5名不明血型者；统计科学技术大臣时未含8名不明血型者。

从表8可以看出，不同血型的大臣在部门职位上的分布并不均衡，有些甚至出现了巨大的反差。这种不均衡和反差本身就表明血型性格与职业适应性之间存在很大的关联性。当然，这并不是说某种血型天生就只适合某种职业，但如果血型性格能够与职业本身的特性和要求相符，则无论在行政管理还是企业管理中都能够产生事半功倍的效果。在官员选拔和任用上，若能让血型性格决定的职业适应性自然发挥作用，则会将适合的人放到更适合的岗位上。

以外务大臣的血型来看，O型人和AB型人占有的比例明显

第10章
从国企到国家——推而广之看血型管理对组织的重要意义

高于他们在日本人口中所占的比例,这与他们在对外交往中能够坚持原则,同时又善于交际和公关有很大关系。B型人虽然交际能力很强,但原则性较差,缺乏重点,这在对外关系上具有亲疏冷热倾向的日本是很难赢得民众的支持的。而A型人明显在交际和公关能力方面要弱一些,而且作风上比较执拗和死板,所以也很难在外交工作中打开局面。在注重精神和需要耐心的文部大臣中,具有人本主义倾向的A型人则占有明显的优势。这是因为教育作为百年大计,既需要超前的战略眼光,更需要耐心细致和循序渐进的务实作风,在这方面A型人无疑更加胜任。性情急躁和急于求成的B型性格和实用导向、具有专业偏向性的O型性格相对来说就不太适合教育部门了。"二战"以来,日本教育界长期由A型人主导,保证了教育政策的稳定性和一贯性,同时能够在继承优良传统的基础上实施渐进式的改革,在教育决策上较少出现失误,有利于日本教育事业的健康发展。

同样在需要合理性、严谨作风和综合分析能力的经济企划厅中,逻辑性和协调能力强的A型人仍旧具有很大的优势,其次是AB型人。由于经济政策一般具有很强的稳定性,而且需要权衡政策的轻重缓急,这就使得善于变化、无常性而且抓不住重点的B型性格的人处于劣势。**O型人虽然能够抓住重点,但考虑问题不够全面,缺乏统筹协调能力,容易在产业规划上造成重大轻小、顾此失彼的局面,最终可能导致基础产业萎缩和产业结构失衡**。在科学技术厅长官中,O型人的比例同样低得令人难以置信,这可能是由几种原因造成的:一是O型人思维方式比较直接和粗率,不太适合需要思维缜密和统筹兼顾的科学管理岗位;另

领导与血型
来自大型国企的血型调查报告

一种原因可能是O型人专业倾向过强,一旦痴迷技术往往容易成为专家型人才,这时他们对仕途看得不是很重,这在一定程度上制约了他们在科学管理岗位上的发展。按理说,B型人在科学技术方面是很感兴趣的,而且也比较见长,可能是因为他们全面有余而深入不足,很难在科技技术方面取得实质性的成果,进而影响了他们在科学管理岗位上的发展。但B型人实用型技术知识丰富,容易在农、林、水产等部门脱颖而出。O型人也有适合他们性格的部门,在需要强硬姿态和争强好胜的防卫厅长官中,O型人就占有压倒性优势,因为他们性格强硬、意志坚强、对外充满戒心、争强好胜,这些性格优势使他们更容易在防卫厅脱颖而出。

总的来看,A型大臣在日本要害部门中占有主导性优势,而且就人数而言,他们在各类大臣中所占的比例也是最大的。这使得日本政府机关的官僚深受A型气质熏陶而在工作作风上带有鲜明的A型性格色彩,诸如有责任心、服务意识强、工作认真细致、善于协作、办事刻板、不易通融、富有团队精神等。这些优秀的品格作用于行政管理中,可以使日本以较小的行政管理成本实现很高的行政效率。

第11章

美、日国家领导人的血型性格魅力

本章通过回顾四名不同血型的美国、日本最高领导人的生平,指出了其行为轨迹与各自血型的关联性,分析了其行为思想的血型根源,进一步凸显了血型对性格、行为的影响。

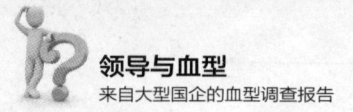

领导与血型
来自大型国企的血型调查报告

第❶节　O型里根（美国第40任总统）

里根生平

里根自幼**顽皮**、**好动**、**喜欢冒险**。有一次，他和哥哥从稍作停顿的火车下钻了过去，吓得母亲不省人事。

由于交不起学费，里根从13岁起就开始**勤工俭学**。他曾在一家建筑工地当临时工，搬砖、推土什么活儿都干。

里根的学习不很出色，但爱好广泛，尤其喜欢游泳、足球、篮球、棒球和话剧。他还是学校**辩论社和戏剧队的台柱**，活跃的性格以及广泛的社交能力使他很快成为学校的风云人物，还被选为学生会主席。

毕业时正赶上20世纪30年代的经济大萧条，里根一直想进入电影界发展，他四处奔走，却一直没找到合适的机会。后来口齿伶俐的他当上了一家电台的广播员，但一直为成为一名真正的演员而努力着。26岁那年，他终于如愿以偿，走上了从影之路。

珍珠港事件以后，他应征入伍。战争结束后，他重操旧业，继续当演员，但已风光不在。在从影其间，深受正统教育影响的里根，<u>从不抽烟、喝酒，也不去夜总会瞎混</u>，这在当时的影星中是少见的。

第11章
美、日国家领导人的血型性格魅力

1947年，由于擅长搞社会工作，里根当选为演员工会主席。在此期间，他曾领导过罢工，要求增加演员的福利。里根是个积极的反共分子，他参与过把共产党人从电影界驱逐出去的运动。自此之后，坚定的反共立场和保守作风就一直伴随着里根一生。与此同时，他还<u>结识了许多名流</u>，这其中不乏一些政界人士和有权势的富人。

后来他到通用公司谋了个职位，并在那里学会了与各种人打交道的技巧，而且开阔了视野，增长了见识，为以后从政积累了基础。据说，曾有人问他为什么不竞选洛杉矶市长，他骄傲地回答：“我的目标只有一个，<u>不当总统，就做平民</u>。”

担任州长后，里根的施政策略是：小事不管，大事靠别人出主意。他还自得地说：当州长就和当董事长一样，**管好大事就行了**。尽管有人对此议论纷纷，但州议员却**普遍称赞他"知人善任"**。里根并不满意州长的位置，他曾多次公开表示：总统比州长更适合我。但由于其资历有限，所以在1968年的总统选举中失败了。随后他全力支持尼克松竞选，并与之成为政治上的合作伙伴。

在1982年时候，他终于如愿以偿，成为美国第40届总统。从一位名不见经传的影星到世界第一强国的总统，这是一条堪称奇迹的励志道路。

性格释读

顽皮、好动、喜欢冒险：O型孩子从小就胆子大，爱冒险，常常作为孩子王，带领他们涉足未知甚至危险的领域，摔跤、剐蹭是经常的事情；即使打针他们也大都不哭。

领导与血型
来自大型国企的血型调查报告

勤工俭学：O型人精力充沛，吃苦耐劳，闲不住，独立性强，不爱依赖父母，所以很多优秀的O型人士都有兼职或勤工俭学的经历。

辩论社和戏剧队的台柱：善于表现、勇于表现是性格外向的O型人的典型特征，因为爱说话、敢说话、不怕说错，而且说话嗓门大、底气足、自信心强，时间长了口才就锻炼了出来了。

从不抽烟、喝酒，也不去夜总会瞎混：这是O型人性格走极端的表现，正如不少O型人有极端洁癖一样，生活中如果遇到不抽烟、滴酒不沾的，怎么劝也不给面子的人，通常就是O型人。

结识了许多名流：个人主义和团伙意识对立统一地存在于O型人性格之中，他们既有强烈的自我主张，喜欢特立独行，同时伙伴意识还非常强烈。没有朋友的O型人是不可思议的，由于性格外向、善于交际，所以他们在工作、生活中很容易结识到朋友。

不当总统，就做平民：这是O型人爱走极端和争强好胜性格的反映。他们立场鲜明，意志坚定，有远大的理想和目标，不爱走中间路线或随大流。不成功则成仁，对目标有一种赌博心态。

管好大事就行了：粗糙的个性决定了他们不在乎细枝末节，更加注重引人注目的重要事物，表现在工作或管理中，就是做事善于抓重点、突出重点，奉行重点突破、以点带面的管理思路。

普遍称赞他"知人善任"：其实并非O型人知人善任，而是他们做事抓重点的性格决定了他们不会包揽一切、事必躬亲，这就使得授权成为可能。当然被授权者必须是他们的"圈内人"，这样他们就会用人不疑、疑人不用，取得事半功倍的

第11章
美、日国家领导人的血型性格魅力

效果。

在1982年时候,他终于如愿以偿:O型人目的性强,同时意志坚定,这使他们一旦确立目标便会为之矢志不渝地奋斗下去,不达目的决不罢休。上访者中O型人较多也是同样的道理。

领导与血型
来自大型国企的血型调查报告

第 2 节　A型尼克松（美国第37任总统）

尼克松生平

尼克松台上台下都曾是叱咤风云的人物。他为发展中美关系和结束越南战争立下过汗马功劳，1974年因"水门事件"下台。

尼克松小时候，家里是开杂货店的，家境并不好。很小的时候，尼克松就开始帮父亲干活。小弟弟的夭折使尼克松**懂得了死亡的含义，很长一段时间都在为此伤心哭泣**。不久大哥又病了，为了给大哥治病，他非常努力地出去打工挣钱。身穿破旧衣服，不爱开玩笑，努力工作，这就是少年尼克松的模样。

尼克松中学时成绩很好，但因家贫只得留在家乡就读。早年的磨炼，造就了他顽强奋斗的性格，激起了他摆脱贫穷生活的强烈渴望。

大学期间尼克松十分用功，被同学们戏称为**"铁屁股"**。他对历史颇有研究，且口才不错，并懂得如何迎合人的心理。毕业后找工作不很顺利，后来被推荐到一家政府部门担任律师。他在这里了解到了庞大政府机构的运作原理，还目睹了许多肮脏的政治交易，但他**并没有效仿那些作法**。

太平洋战争爆发后，他加入了美国海军，并荣获了两枚战斗

第11章
美、日国家领导人的血型性格魅力

勋章。战后一个偶然的机会，他参加了共和党议员的竞选并赢得了胜利。此后，许多人都称他是"**诡计多端的狄克**"。后来一次"基金风波"差点葬送了他的政治生涯，但他通过一次沉着冷静的公开告白，挽回了名誉。

在艾森豪威尔总统患病期间，身为副总统的尼克松慎重而卓有成效地履行了总统的职责。总统对他的所作所为大加赞赏，曾评论他说：在美国历史上还<u>没有一个人做得这样周到</u>。

尼克松在此期间访问过56个国家，并把温和亲切的**微笑**、**不断地握手**、**在街上与人会见**、随时发表演说作为外交的武器，引起了不小的反响。

1960年的总统选举中，尼克松仅以12万选票之差败给了肯尼迪。他并没有气馁，而是决心再次努力，争取在下一次问鼎总统宝座。**可不幸再次发生了**，1962年加州州长竞选，尼克松再次失利。

肯尼迪遇刺后，尼克松没有急于求成而是耐心地等待机会。1968年，约翰逊发动了越南战争，引起了民众不满。尼克松趁机发出了体面结束战争的宣言，在竞选中大获全胜。但好景不长，由于A型人倾向"**悄悄秘密**"的行动，最终导致"水门事件"发生，尼克松被迫辞职。

性格释读

懂得了死亡的含义，很长一段时间都在为此伤心哭泣：这是A型人重感情、好有悲观情绪的反映。对于生死A型人不如O型人现实、B型人豁达和AB型人理智，无法坦然面对自然规律，对生命充满理想主义幻想。

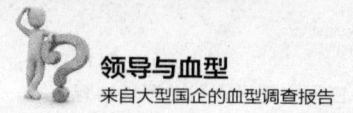

领导与血型
来自大型国企的血型调查报告

"**铁屁股**"：受A型人链式思维方式的影响，环环紧扣的逻辑决定了他们一旦进入工作或学习状态，就会形成一种不做完这件事不罢休的情绪惯性（A型人有时和人聊天没完没了也是这种递进的逻辑在起作用）。这种钻研的状态下，他们可以摒弃干扰，获得好的工作或学习效果。同时，A型人忍耐力强，不会像B型人，一会儿去一趟厕所。

并没有效仿那些作法：A型人"大隐隐于世"，即使处于物欲横流的世俗社会，他们也有意识地洁身自好，在大是大非上有自己的原则底线，黑白分明、立场坚定，不会轻易随波逐流，也不愿向世俗妥协。

"**诡计多端的狄克**"：在O型人为主的美国社会，A型人在智谋上占有绝对的优势。因为作为气质上的强者，A型人很容易把握O型人的心理意图，并能够有针对性地提出对策，在O型民众看来就是诡计多端了。

没有一个人做得这样周到：与其说是A型人做事周到，不如说他们做事认真、追求完美，在追求完美的过程中，就体现出周到的表象。另外，A型人协调性较强，有大局观念，会在做好本职工作的同时，考虑协调好与兄弟部门的关系，这样可以规避部门之间扯皮，表现出做事周到的一面。

微笑、不断地握手、在街上与人会见：微笑是生性腼腆和含蓄的A型人经常使用的面部表情，此外他们待人彬彬有礼，且平易近人，虽有等级观念，但并不注重等级的形式，故较少有官僚主义作风，能够与群众打成一片。

可不幸再次发生了：A型人凡事追求完美，不想出现纰漏，但上天却常常与他们开玩笑，正所谓"智者千虑，必有一失"。产

第11章
美、日国家领导人的血型性格魅力

生这种悖论的原因在于，他们过于注重细节，希望事态尽在掌握之中，但客观情况千变万化，并不以人的意志为转移；另外，机会来了，应变力差的A型人往往来不及反应，而导致错失良机。

"悄悄秘密"：是A型人典型的行为方式，他们中即使穿高跟鞋的女孩，走路时也会有意识地控制声响，不像O型人走路时响动大。他们的祖先来自视野不良的森林地带，"悄悄秘密"地行动既是是A型人规避敌害的有效方式，也是他们猎取猎物的必要举动。偷袭、偷窥、搞地下工作都是他们擅长的。

领导与血型
来自大型国企的血型调查报告

第❸节　B型田中角荣（日本第65任首相）

田中角荣在中国堪称家喻户晓，因为他上台后不久就和中国签署了《中日联合声明》，引导中日关系进入了一个新时代。此外，他还是日本历史上<u>罕见的平民首相</u>。

田中角荣小时候患过白喉病，因治疗不及时导致了口吃。上小学时，一个同学搞恶作剧，引得哄堂大笑。老师以为是他干的，就训斥了他一顿。田中想分辩，可却结结巴巴说不出一句话来，情急之下，他把砚台狠狠摔到了地上。

从此，田中决定改掉口吃的毛病，这是他人生中第一次下定决心干一件事情。付出了艰辛的努力后，他不仅把口吃的毛病矫正了过来，而且还成了<u>能言善辩的人</u>。

小时候，田中的学习成绩一直很好，但因经济原因，他16岁时就只身离家，到东京谋生。他<u>白天做工，晚上去夜校学习，第二天还要继续工作</u>，几乎没有放松的时间。他努力提升自己，从不放纵自我。

有钱能使鬼推磨，全世界都认同这一说法。田中走了一条先赚钱后从政的路子。早在19岁时，田中就独立创办了一家建筑公司。后来，他又与一位寡妇的女儿结了婚，妻子<u>比他大8岁</u>，田中继承了妻子家的产业，实力进一步提升。

第11章
美、日国家领导人的血型性格魅力

战后的日本成为一片废墟,而田中的房产却幸运地保留了下来。加之当时通货膨胀严重,田中一夜间成为了百万富翁。29岁时,他当选为议员。

田中认为:**要想出人头地,必须投奔大人物……与大人物打好关系,可以了解各种动向**。于是,他投奔了自民党总裁吉田茂,后因功被提拔为法务省次管。

在吉田茂的帮助下,田中不仅学会了与人相处的各种技巧,还与池田和佐藤建立了深厚的友情。吉田茂下台之后,池田和佐藤各自为阵,田中加入了佐藤派,但**依然与池田保持往来**,而且还和他结成了亲家。岸信介上台之后,便任命田中为邮政大臣。**田中成为了"二战"后日本历史上最年轻的内阁成员**。

他先后担任过三任大臣,**渐渐建立起了自己的关系网**。他很善交际,从不摆架子,而且乐于助人,甚至用自己的钱给下属发红包。即使对于非本派的议员,田中也不会冷落他们。一次,得知中曾根派系的议员野中英二的母亲去世了,田中**第一个跑去吊唁**。结果,野中也跳槽加入了田中派。

在争夺首相宝座的大战中,田中采取了**三步走策略**:一是促成佐藤连任,防止自己羽翼未丰时政权落入福田之手;二是在佐藤派内建立自己的势力;三是对外积极和大平正芳、三木武夫派建立友好关系。终于,1972年自民党总裁选举中,大平、三木转而支持田中,不久田中就成了日本"二战"后最年轻的首相。

性格释读

罕见的平民首相:B型人接受能力强,脑瓜聪明,比较早熟,善于笼络人心,人脉网发达,把握机会能力强,爱走上层路

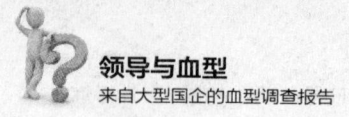
领导与血型
来自大型国企的血型调查报告

线,虽是平民出身,但能利用人脉很快跻身于权贵圈中,所以在事业上很容易意外地成功。

能言善辩的人:得益于同向思维的优势,他们可以同时从好几个方面论证他们的主张,也就是说几个"逻辑起点"可以同时在B型人脑海创建,他们的能言善辩甚至巧舌如簧皆源于此。这与A型人单一逻辑起点的思维方式形成了鲜明对照。表现在谈话中,就是话题多;运用在辩论中,就是能从不同的角度找理由,理由特别多,常有理。

妻子他大8岁:反映出B型人平等待人的倾向,同时也反映出他们讲求实际的一面。另外他们有点孩子心态,即使年龄大也像小弟弟,老妻少夫配中,B型男人很是常见。

白天做工,晚上去夜校学习,第二天还要继续工作:同向思维能力可以让他们一心二用、同时做几件事情而且面面俱到,个人工作效率非常高。

要想出人头地,必须投奔大人物……与大人物打好关系,可以了解各种动向:注重人情关系、爱好交际的B型人非常善于编织自己的人脉网,并利用人脉网达到自己升迁的目的。他们信息很灵通,很大程度上得益于他们朋友多。由于原则性差,处事中庸,加上有无差别待人倾向,所以他们和什么样的人都可以交朋友。

随后田中加入了佐藤派,但依然与池田保持往来:十分典型的B型特征,善恶不分明,立场不鲜明,两头讨好,左右逢源。因立场中庸、不偏不倚,他们善于做和事佬和调解人,跟谁关系都不错,不过深交较差。

渐渐建立起了自己的关系网:B型人注重人情关系,而且很

第11章
美、日国家领导人的血型性格魅力

善交际，从不摆架子，乐于助人，见人熟。

"二战"后日本历史上最年轻的内阁成员：B型人天性聪颖、头脑灵活，见多识广，朋友众多，善于拉关系、靠人脉，所以少年得志的情况很多见。

第一个跑去吊唁：B型人信息灵通、反应迅捷、注重人情世故，这使他们不放过而且能够抓住更多的机会。

三步走：B型人善于谋略，高度抽象的能力可瞬间把握事物发展线索或轮廓，同向思维能力又使他们能在复杂迷离的政局中游刃有余、巧妙应对，并同时处理好几件事情。三步走的内容反映出B型的田中在处理官场关系时高超的纵横捭阖能力。

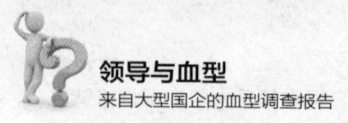

领导与血型
来自大型国企的血型调查报告

第4节 AB型奥巴马（美国第56任总统）

奥巴马生平

在中学阶段，逐渐明白世事的奥巴马深为自己的混血身份苦恼。他吹嘘说自己的父亲是一个非洲国家的王子。而当他的生父有一天来学校看他，并公开演讲时，奥巴马深深地低下了头，<u>觉得非常没有面子</u>。

倍感失落的奥巴马在街头游荡、逃学，甚至吸食大麻和可卡因，以"将'我是谁'的问题挤出脑袋"。17岁时，他与一名美丽的女生谈起了恋爱，但他经常<u>背着女友拈花惹草</u>。高中毕业前的一次舞会上，<u>他将已经交往了很久的女友甩掉，闪电般地爱上了另一名15岁的白人女孩</u>。那个女孩有着柔顺的黑色的头发，戴着绿框的眼镜。某天晚上，奥巴马带着女友去看一场演出，在对剧情进行讨论时，奥巴马和女友之间<u>因为对种族的不同看法爆发了激烈的争吵</u>。他们越吵越厉害，后来因此分手了。

在芝加哥当了3年义工后，奥巴马去了哈佛大学法学院读书，并在毕业前一年成为全美最具权威的法学杂志《哈佛法学评论》**104年历史上首位非洲裔主编**。这是哈佛法学院所有1600名学生当中的最高荣誉，这说明，奥巴马首次获得了全国性的认

第11章
美、日国家领导人的血型性格魅力

可。1991年，奥巴马获得了**"极优等"**法学博士学位。但奥巴马在读哈佛法学院时，仍然颇有一些桀骜不驯。因为违章停车，警察给他开了17张罚单，但他**只肯付两张**。

奥巴马的性格里不仅有反叛的因子，更有胆大冒险、**智勇双全**的成分。这样的人不会囿于传统，一切敢于重新来过，不惧建立新的机制和制度。在民主党候选人的辩论中，奥巴马曾两次发表**语惊四座**的演说，让民众大跌眼镜。他甚至说，若有必要会与"美国的敌人""**面对面地谈判**"。

他反对美国在进行世界性扩张时单纯使用武力，同时他又坚持美国的外交必须以推进自己的价值观为终极目的。奥巴马似乎更**注重榜样的力量**，十分清楚一个国家的所作所为是这个国家在这个世界的通行证或审判书。在经济政策上，奥巴马主张**扩大政府干预经济**的职能，缓和贫富矛盾，创造共同繁荣。在贸易方面，奥巴马主张重新修订北美自由贸易区协定，**加强有关劳工和环境方面的条款**。

性格释读

深深地低下了头，觉得非常没有面子：兼有B型性格要面子和A型性格羞耻心强的特点。

背着女友拈花惹草：AB型双重性格是造成其表里不一的重要原因，因为A型和B型甚至O型的性格因素在头脑里不断博弈、纠缠，一时会非常理性，一时又可能率性而为。因与人保持距离，他们隐藏得较深。

将交往很久的女友甩掉，闪电般地爱上了另一名15岁的白人女孩：理智、客观的AB型性格反映在爱情的取舍下，会显得

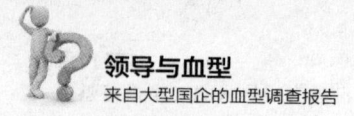

冷酷、果断、缺乏人情味；合理化的思维总是让他们在不断的比较、对照，并做出他们认为更加合理的举动，如选择更美好的事物。

因为对种族的不同看法爆发了激烈的争吵：原则性强的AB型人有时会表现得相当固执，如果他们的观点是来自合理化的考量，那么合理化后的结论对他们来说就是真理，因为他们会固执己见、决不妥协，除非把他们雄辩的"歪歪理"驳倒。合理化的结论是不能更改的，所以AB型人激辩时的神情往往声色俱厉，完全像是变了一个人，幸好他们还遵循"君子动口不动手"的斗争法则。

104年历史上首位非洲裔主编：AB型人情商和智商都很高，看待事物客观理智，常以第三方立场考虑问题，分析是非，故善于协调人际关系、处理人际纠纷，易得到上司的认可；另外，他们脑瓜聪明，理论基础扎实，具有一定行动力，很容易在业务竞争中胜出。

"极优等"：AB型人和O型人成为高考状元或尖子生的概率很高，这从重点大学和公务员群体中AB型人比例偏高可见一斑。B型人虽很聪明但一考试就出状况；A型人脑筋慢，完全靠平日一点一滴积累，且考试易紧张，不能发挥出应有的水平。

只肯付两张：AB型人在固执方面和O型人有着形式上的相似，但AB型人的固执是合理的固执，O型人的固执是本能的固执。此种情况发生在O型人身上要么全付，要么一张也不付。奥巴马只肯付两张，是因为他认为只有两次违章是违法的，其他不算违章。

智勇双全、语惊四座：尽管有一部分AB型人天性比较胆

第11章
美、日国家领导人的血型性格魅力

小,但同时还有一部分AB型人比较胆大,这与O型人中胆大者和懦弱者两极分化的倾向有些类似。勇气也可以理解为一种行动力,正如日本血型专家能见正比古先生第一本血型专著问世后,最先给他打去电话的就是AB型人,同样,我在北京电视台做完访谈节目后,主动向我索要血型书的也是AB型人。只要他们认为合理的,他们就会果断地去做。语惊四座,就是把自己认定合理的结论果断地说出来而已,而且不顾及其他人的感受。

面对面地谈判:求稳好静是AB型人的本质特征,中国封建王朝AB型气质浓重,尤以明清最为典型。统治阶级为维持社会稳定可谓煞费苦心,追求稳定一是靠暴力,一是靠教化(说教),两手抓、两手硬。在国与国的交往中,说教就转化成了和谈,试图通过说教来打动对方,以达到不战而屈人之兵的目的,或避免单纯依靠武力带来的负面效应。但这种既注重武力又崇尚和谈的AB型人特有的合理化的举措,全然违背了美国民众O型化国民性格中抓重点的解决问题方式,在战略上是行不通的。

注重榜样的力量:美国社会是靠竞争驱动的,榜样的力量在美国远不如在中国来的有效果。中国古代的贞节牌坊就是一种榜样的力量,让一部分寡妇趋之若鹜,产生了其他激励方式达不到的效果。

扩大政府干预经济:这是是非常典型的AB型思维方式的产物。AB型人注重合理的价值取向,让他们对不合理的事物深恶痛绝,一直试图通过合理的举措来消除社会不合理的现象。据说日本社会民主党中AB型人占有相当的比例,他们的政治诉求也是希望通过加强政府控制力,使社会变得更加合理。人类社会的演化自有其内在的规律支配,一味追求合理有时会造成更大的不

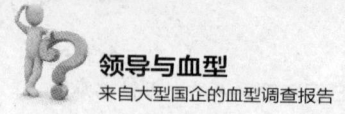
领导与血型
来自大型国企的血型调查报告

合理,并得到事与愿违的结果。

加强有关劳工和环境方面的条款:这是AB型人强烈的社会责任感在经济政策方面的反映。在他们看来,单纯的以市场为导向的经济模式是不合理的,同时也该关注社会利益,在追逐经济利益和环境、劳工保护之间应该寻求平衡,不可偏废。

第12章

血型管理的启示

本章对全书内容做了升华式总结,将血型理论与管理学知识更紧密地结合了起来,并针对国企中的弊端提出了血型搭配方面的改善建议,真正做到了以人为本、人性化管理。

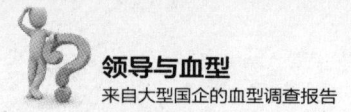

领导与血型
来自大型国企的血型调查报告

早在上世纪四五十年代,管理学理论中的行为学派就开创了人性化管理的先河。从此人性化管理便成为诸多管理学家和企业领导者孜孜以求的目标。但时至今日,真正意义上的人性化管理尚未完全确立,甚至连人性化管理的概念本身还未廓清。即使是人性化管理最成功的日资企业,对人性化的管理仍旧停留在满足人性中最基本、最共性的心理需求上,尚不能很好地做到因人而异并实现个性化的管理诉求,因此在实践中人性化管理仍旧难免落入"一刀切"的窠臼,对于某些类型的员工的管理只能得到事与愿违的结果。在血型性格理论导入管理学之前,人性化管理可以说仍旧处于一个原始阶段。

真正意义上的人性化管理不是仁爱式管理,也不是仅针对人的共性心理需求而采取的单一管理模式。真正意义上的人性化管理,应该是有所区别的、因人而异(根据不同人格类型员工群体采用不同的措失)的管理。要想在管理中做到因人而异并实现个性化的管理,一套科学、可靠的人性划分标准和人性识别方法是不可或缺的。**问题是当前的管理学理论并不能从根本上解决这一管理难题,因为它所依赖的传统心理学理论已经陷入了实证主义的泥潭而走入了一个死胡同。**传统心理学人格划分理论本身就是混乱的,不科学的,所以无论人格测评技术、技巧再科学、再先进,最终的结果也是经不起推敲的。因为错误的前提必然导致错误的结论。

第12章
血型管理的启示

但在将血型心理学导入现代管理学之后,困扰现代管理学的人性识别难题将迎刃而解。因为血型心理学将能够提供一种更加科学和可靠的人性划分标准和识别方法,按血型标准划分和识别。血型类型和人性类型本身的对应性和一致性,将使得人性划分和识别变得非常简单容易,而且它的可靠性要远远超出传统心理学人格理论所能实现的程度。**可见,血型心理学与现代管理学结合将引发管理学的一次革命,管理学理论将因此获得重大的突破,并赢得更加广阔的应用舞台**。同时,血型管理学也将作为一门实战性更强的科学大放异彩。

《领导与血型——来自大型国企的血型调查报告》某种程度上就是血型管理学的一部实战教程。虽然本书的内容尚不能涵盖血型管理学的全部要义,但毕竟可窥豹一斑,让读者对血型管理学形成一个比较感性的认识。正如本书序言所述:本书既是阐述领导血型与领导作风及工作方式关联性的一本著作,也是对作者国企十年工作感受和工作见识的一次系统总结。**也就是说,本书探讨的不单纯是血型管理学的问题,也深刻阐述了当前大中型国企所面临的诸多共性问题,揭示了改制之后国企的生存状态和种种弊端,希望能借此引起政府及全社会对国企生存状态的关注**。影响国企生存状态的,除了领导及员工的血型构成,最重要的还是体制因素。如果体制问题不解决,领导血型构成再合理、岗位血型分布再优化,也只能在一定程度上改善企业管理的状况,而不能从根本上根除国企由来已久的弊端。

通过学习《领导与血型——来自大型国企的血型调查报告》,我们可以获得如下启示:

领导与血型
来自大型国企的血型调查报告

一、领导作风本质上就是领导血型性格的表现形式

仔细品味关于领导作风的词语，如好大喜功、注重形式、懒散拖沓、投机钻营、反复无常或是谦虚务实、平易近人、敢想敢干、积极勤快……就会发现这些所谓的"作风"本质上是性格的表现形式，有的根源于血型性格，有的本身就是一种性格。如好大喜功、独裁专断的作风多来源于O型人的争强好胜和强加于人的性格倾向；注重形式及爱搞形象工程一般与B型人性格中要面子、爱整洁的倾向有关；平易近人、注重细节又与A型人谦和温顺和追求完美的性格密不可分。

当然，在实际工作中一些领导的作风与他们的血型并不是完全对应和一致的，这是因为一把手的领导作风本身具有示范性和传染性，其他血型领导受其影响也可能在工作中表现出与自身血型性格不符的作风。但总体而言，企业领导团队的血型构成及力量对比，最终会影响到企业形成哪种领导作风。上升到一个国家层面也是如此，在A型人为主的日本、德国和北欧一些国家，由于官僚机构中A型人的比例很大，官场作风普遍呈现出一种平民化色彩，官员平易近人、谦逊温和，具有亲和力。而在O型人为主的国家，如美国和拉美等国，官场等级观念强烈，官员官僚主义色彩相对浓厚。

二、国企状态与领导及员工的血型构成密切相关

在与同类民企富士康公司的比较中，我们可以发现领导及员工的血型构成差异很大程度上决定了两类企业不同的管理风格和管理状态。O型人为主体的台资民营企业呈现出与其血型性格相一致的管理作风和管理状态，如等级森严、对事不对人、工作强

度大、执行力强、奖惩严格、淘汰率高、人才流动性大、缺乏人情味等特点。**而B型人和AB型人居多的国有企业则呈现出富有人情味,比较通融迁就,但企业执行力较差、推诿扯皮现象较多的典型国企作风和管理状态。**

由于存在大量懒散拖沓、推诿扯皮、投机取巧、灵活变通的B型化领导和员工群体,制度很难在这些人当中有效贯彻,执行的效力被大大削弱了,这就使得国企管理状态难以发生根本性改观。加之改制之后的国企领导团队与员工群体之间收入差距过度拉大,致使员工群体中对立和不满情绪比较严重,工作的主动性、积极性越来越差,进一步强化了典型的国企状态。

三、领导团队中一把手的性格很大程度上影响和引导着领导团队的作风

在法人治理结构形同虚设的国企,老总的地位和权威不仅没有因为改制而有所削弱,反而得到了进一步加强。企业老总一人说了算依然在绝大多数国企广泛存在,也正因为如此,老总的所思所想、一举一动往往影响着企业的生死成败。如果能力强、品行高、作风正的人做一把手,往往会造就一家国企的繁荣;如果是能力弱、品行坏、作风差的人做一把手,同样也容易葬送一家企业的前程。可见,国企老总对企业命运的影响是举足轻重的。

在具体经营管理过程,老总性格和思维方式同样会对领导团队作风的形成及特点产生重大的影响。这是因为,领导团队的其他成员的政治前途完全掌握在老总的手里,甚至存乎于其喜怒之间。所以,几乎所有中层以上的领导在工作中都有所顾忌,并尽可能地依照老总的指示和要求行事,表现出符合老总

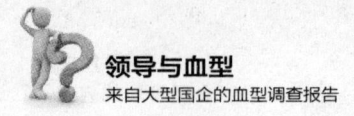
领导与血型
来自大型国企的血型调查报告

心意的行事风格,这样一来领导团队的作风必然深深打上企业老总的性格烙印。

而对于企业老总而言,要想使其战略思想和管理理念落到实处,只有通过对领导团队施加影响,才能间接实践其战略决策和管理思想。这样在经营管理过程中,就会表现为老总总是对领导团队施加影响,并有意识地引导领导团队作风。

四、国企岗位配置须考虑和结合血型性格的职业适应性

不能把合适的人用到合适的岗位上,是国企很多事情做不好一个重要原因。造成这种状况的主要原因是迄今为止没有一种科学的人格识别和能力检测的方法,这就使得岗位人员配置时更多地参照专业和文凭的高低。而对于专业性不强的岗位,人员配置上更多的是凭感觉,这就经常会出现将不合适的人用到不合适的岗位上的尴尬。在国企这个注重人情的环境里,一个人一旦被分配到某个岗位上,往往很长一段时期内不会变动甚至终身不变。由于很多不合适的人占据着不合适他们的岗位,不仅导致管理工作效率低下,而且还阻碍了其他合适的人才脱颖而出。

但如果我们能将血型管理学运用于国企岗位人员配置中,在进行岗位配置时充分考虑员工的血型性格和在此基础上的职业适应性,那么就能够一定程度上避免凭感觉用人的尴尬,相应地减少由此造成的用错人现象,人员岗位配置将会更加合理和优化,从而真正实现"把合适的人用在合适的岗位上"的管理诉求。比如,如果我们知道B型人注重人情、灵活变通,那么在检查考核岗位上就尽可能少用或不用B型人;如果我们知道A型人不善言辞和应酬,应变能力也差,那么在迎来送往等公关岗位就尽量少

用或不用A型人。通过血型性格分析和诊断，我们一开始就能大致判断出员工的职业适应性，从而在岗位配置时减少失误和用错人的现象。

五、领导班子的血型构成优化有利于领导班子和谐高效

通常情况下，血型气质上的强者往往倾向于优先重用气质上的弱者，这是因为一来强者容易把握弱者的心理，而且对弱者的使唤比较得心应手，更重要的是气质上的弱者一般不会对强者的地位构成威胁。这或许是W集团AB型老总一直以来总是喜欢B型领导的缘故之一吧。

但弱者辅政有一个天然的缺陷，那就是他们很难向强者提出具有建设性的意见，更多的是消极执行强者的指示。换句话说，就是执行有余而创新不足。这种情况下，因为很少有人能理解他的用心，并帮他分忧解愁，作为强者的企业老总往往会做得很辛苦。为改善这种状况，老总身边就应该配几个相对于他是气质强者的人做智囊。具体到AB型老总，A型人应是做其顾问的恰当人选，实际上A型人权力欲不是很强，即使委以重任一般也不会对AB型老总构成威胁。

在中层领导班子搭配上，也应当考虑血型领导的合理搭配。在资历相仿的情况下，如果一把手是B型人，副手（执行）最好不要是强势的O型人；如果一把手是A型人，副手（执行）最好不要是强势的B型人。否则一把手会感受到一种莫名压力或威胁，在工作中不能完全放开手脚，当然也就不能发挥出其应有的水平。

领导与血型
来自大型国企的血型调查报告

六、制度设计与执行应考虑领导及员工的血型性格特点

企业制度要想很好地贯彻落实，设计上科学、合理是非常重要的，在中国还应考虑B型人性格的特点，尽量做到合情。否则很多制度用心可能是好的，但执行的效果未必好，更多可能会流于形式。比如，W集团在推行全面检查制度的过程中，曾经对抽烟现象制定了严厉的处罚标准，发现抽烟扣500元，发现烟头扣200元。通过对个别员工的处罚，起初真还起到了一定的震慑作用，但时间一长就执行不下去了。一是因为抽烟作为一种恶习短期内是很难矫正的，人们会通过各种办法逃避制裁，比如关门抽烟、及时销毁烟头等；另一方面，执法者本身也有抽烟嗜好，因此在执行中明显底气不足。当然最重要的还是国企是一个人情味很浓的地方，不论执行者还是犯纪员工都有自己的人脉网，必要时可借以疏通和说情。执行者与员工们也是抬头不见低头见，时间一长自然也会混得很熟，要想严格执行禁烟处罚规定显然是不可能的。因此吸烟现象非但没有因严厉的禁烟处罚而减少，甚至某种程度还出现了加重趋势。

当然，如果在民营企业，严厉的处罚还是比较适宜的，这是因为民营企业员工的流动性很强，人与人之间的关系不像国企那么亲近，人脉网也很难稳定地建立起来，这种环境下采取严厉的处罚一般不会遇到人情的掣肘，往往会收到很好的效果。另外，如果是O型人为主的企业，如台资企业，这样严厉的处罚还是行得通的，因为O型人本身对利害关系看得较重，更注重物质利益，同时O型人原则性强、比较冷酷，在工作中对事不对人，这些特质能够保证制度的严格执行。

另外，为确保制度有效执行，最好选用原则性强且客观理性的O型人或者AB型人从事检查监督工作；**最好不用或少用注重人情、包容心强且一处就熟的B型员工，否则没过多久检查者和被检查者就打成一片了；**A型人虽然有原则性，但有畏难情绪，且意志不坚定，过于感性和善良，下不了狠心，不适合面对面的检查工作，所以最好也不要选用，尤其是不能做检查组长。

W集团的很多制度之所以落不到实处，主要是制度本身在设计上就存在问题，没有考虑到国企员工B型化这一特点，而是一味迎合老总的"旨意"，照搬其他性质企业的经验。到了最后，制度的执行沦为了有名无实的巡回警告，只有在老总坐镇时才会偶尔地严肃一次。W集团时至今日仍旧没有走上制度管理的轨道，很大程度上依旧是一种"人治"的局面。实际上不只是W集团，许多国企都没有因为改制而真正跳出"人治"的窠臼。

七、一个好的制度平台能够更好地发挥员工的职业适应性和个人能力

如果一个企业的制度建设存在漏洞，那么很容易被灵活变通的领导和员工钻空子，致使制度无法有效地执行，同时也会影响到绩效考评的公平和公正。比如，以打卡形式签到的考勤制度就存在漏洞，很多人经常通过靠同事代打卡来规避处罚，而那些不通过别人代打卡的老实人，则可能因为一时疏忽忘记打卡而遭受处罚。**在这种状况下，制度完全就沦为了老实人的枷锁，而对于那些投机钻营者而言则形同虚设。用这样的制度设计来检验员工的职业适应性只能得到适得其反的结果。**

可见，若想更好地检验和发挥出员工的职业适应性，一个好

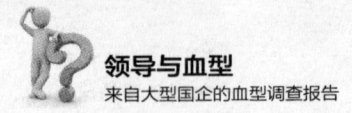

领导与血型
来自大型国企的血型调查报告

的制度平台是最基本的保障。只有在科学、严谨、公平的制度平台下，投机钻营者才无处藏身，各种血型员工的职业适应性才能充分表现出来。而职业适应性是工作能力发挥的基础，只有对某种岗位具备了职业适应性，员工的工作能力才能充分展示出来。

一个好的制度平台应该有三种机制做支撑：

一是岗位准入机制。这里边除了基本的能力测试之外还应加入性格测试内容，性格测试所占权重不一定很大，但是一定要有所体现。**情商比智商更重要已逐渐成为社会共识，我们没有理由再像以往那样只凭考试分数高低来决定一个人的去留。一个性格不合适的人，即使他能力测试分数再高，也可能在工作中造成严重失误和差错，把这样的人安排在不适合他们的岗位上只会取得事倍功半的效果。**反之，一个人能力测试分数可能稍低些，但若他的性格更加适合岗位要求，那么把这样的人安排到适合他性格的岗位上，他会更加得心应手，也容易出成绩。

二是执行机制。这里边应解决由什么样的人来设计制度和执行制度的问题。国企制度执行难很大程度上是领导和员工性格B型化的结果，但同时与制度本身设计得不科学、不合理也密切相关。而要减少制度设计上的问题，就必须把合适的人放在制度建设岗位上。相较而言，逻辑严谨且理论联系实际的A型人和追求合理化和公正、公允的AB型人更适合搞制度设计工作。O型人进行制度设计可能为了抓重点但使制度过分简单化，在普遍重人情的国企，O型人严惩重奖的考核方式并不适宜；B型人则逻辑性差，由于不爱得罪人，在制度设计中常常避重就轻、回避问题，所以出台的制度往往欠缺可操作性，容易流于形式。在制度

第12章
血型管理的启示

执行上，原则性强、敢碰硬的O型人和公正、严厉的AB型人较为胜任。A型人气质上有些女性化，胆小怕事，不愿惹人，在执行制度过程中容易退缩。B型人注重人情，一处就熟，时间一长就会、领导和员工们打成一片，制度执行更是无从谈起。

最后就是完善岗位退出机制。这里边应当包括考核奖惩制度和待岗、下岗制度。

制度的执行要想真正取得实效，一套科学、合理、公正的考核奖惩制度是不可或缺的。**检验和完善考核奖惩制度最好的办法就是深入员工内部，充分聆听和采纳员工对制度的意见**，这样就能较短时间内建立起一套让众人信服且行之有效的考核奖惩制度。为了能将不合适的人淘汰出局，让更合适的人取而代之，待岗、下岗制度也应建立完善。此外，待岗、下岗制度执行能够一定程度上发挥"鲶鱼效应"，激发在岗员工更加主动积极地工作，员工的工作能力也会充分展现出来。

综上所述，我们可以得出一下结论：

（1）即使国企管理者对血型管理一无所知，血型管理也在国企管理中无时无刻不发挥着作用。

（2）如果国企管理者能够认识到血型管理的科学性和重要性，并创造性地运用到管理实践中，那么管理工作将出现事半功倍的效果。

（3）如果导入血型管理同时加快管理体制改革和管理机制创新，那么在一个好的制度平台之上，血型管理效果将会更好地发挥出来。

其实，不只在国企管理中血型管理学应用前景广阔，在国家机关、事业单位以及一切与人有关的行业组织中，血型管理

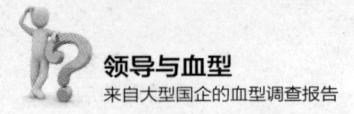

领导与血型
来自大型国企的血型调查报告

都能找到用武之地。尤其是在国家机关推行血型管理更是具有现实的重大意义。因为国家机关是整个社会经济管理的中枢，血型管理若能在国家机关行政管理中发挥出重大作用，那将产生巨大的传导效应和示范效应，促进血型管理在更广阔的领域内得到推广。这样血型管理的应用将产生乘数效应，大大提升整个社会的运转效率。不仅如此，以人性化管理为诉求的血型管理，还有助于化解人与人之间紧张的关系，减少各种心理疾病的发生，从而促进整个社会的和谐与稳定。

附表　不同血型领导性格识别对照表

性格类型	偏A型	标准O型	偏B型	偏O型	标准A型	偏B型	偏O型	标准B型	偏A型	偏B型	标准AB型	偏A型
基本倾向	性格偏A型，带有A型性格特点	O型性格特征鲜明	性格偏B型，带有B型性格特点	性格偏O型，带有O型性格特点	A型性格特征鲜明	性格偏B型，带有B型性格特点	性格偏O型，带有O型性格特点	B型性格特征鲜明	性格偏A型，带有A型性格特点	性格偏B型，带有B型性格特点	AB型性格特征鲜明	性格偏A型，带有A型性格特点
工作生活中的性格表现	沉稳、内向、含蓄、坚韧、进取、细致、毅力、少言多思、忍让	大胆、粗心、鲁莽、刚烈、固执、冷酷、理智、机敏、自信、个人主义、逞强、豪爽	空谈、懦弱、善变、懒散、知足、无恒心、能言善辩、有文采	刚直、直率、原则性强、自信、胆大、活跃、粗糙、豪爽	腼腆、胆小、柔弱、忍耐、逃避、悲观、封闭、孤独、完美、精细、执物	柔弱、婉转、中庸、有人情味、合理化、精细、爱辩解、小气	坚韧、大胆、果断、豪爽、有义气、粗糙、进取、豁达、利他	中庸、包容、差不多、乐观、豁达、散漫、活泼、适应性强、有人情味、随波逐流	怯懦、胆小、易动摇、精细、多虑、爱退让、作秀、自利、小气	懒散、巧言、自容、缺乏毅力、不多、爱劳观、利索、干脆、易满足	爱旁观、合理化、有原则性、保守、勤俭、有距离感、有责任心、好静	勤快、直率、单纯、执物、完美、进取、好胜、有责任心、罗嗦

说明：严格意义上讲，还有一种偏AB型，因差异性不明显，描述上不易区分，暂不列示。具体的差异留给读者自己品悟吧。